KB175927

**초등 공부,
습관으로
정복하기**

초등 공부, 습관으로 정복하기

학년별 생활, 공부, 독서, 글쓰기 습관으로 완성하는 자녀학습법

초판인쇄 2020년 6월 23일
초판발행 2020년 6월 23일

지은이 김기용
펴낸이 채종준
기획·편집 신수빈
디자인 김예리
마케팅 문선영

펴낸곳 한국학술정보(주)
주소 경기도 파주시 회동길 230(문발동)
전화 031 908 3181(대표)
팩스 031 908 3189
홈페이지 http://ebook.kstudy.com
E-mail 출판사업부 publish@kstudy.com
등록 제일산−115호(2000. 6. 19)

ISBN 978-89-268-9968-7 13370

초등 공부, 습관으로 정복하기

학년별 생활, 공부, 독서, 글쓰기 습관으로 완성하는 자녀학습법

김기용 지음

이담
Books

어린 시절 장난감 하나, 인형 하나는 여러분들에게 어떤 존재였나요? 저에게는 너무 소중해 매일 품에 끼고 잘 정도였습니다. 모든 게 귀하던 시절, 장난감 하나 가지고 있는 게 어린 인생에 가장 큰 행복이었습니다. 장난감 하나로 온갖 놀이를 다 했죠. 마녀의 성을 무찌르러 가기도 하고, 장난감과 대화도 하고, 장난감을 그려보기도 합니다. 그리고 놀이터에 가서 새로 만난 친구들과 놀이를 만들어가며 뛰어놉니다. 최근 유행하는 '소확행'의 한 측면인 것 같기도 합니다. 반면, 요즘엔 장난감과 인형이 넘쳐납니다. 잠깐 가지고 놀던 장난감에 금방 흥미를 잃어버립니다. 더 좋고, 더 멋지고, 더 훌륭한 장난감들이 눈에 밟힙니다. 더 크고 새롭고 멋진 장난감을 얻고 싶어집니다. 부모는 아이를 위해 아낌없이 장난감을 사줍니다. 더불어 안전상의 이유로 혼자 밖에 나가기는 하늘의 별 따기입니다.

어쩌면 당연하게 보이는 시대의 변화가 아이들의 집중력과 창의성을 앗아가지는 않았을까 하는 생각이 듭니다. 시간을 거슬러 올라가 봅니다. 공부를 하기 위해서는 책 한 권이 전부였습니다. 전과, 몇 종류의 문제집 정도가 있을 수도 있겠군요. 어린 시절을 떠올려보세요. 책과 전과를 계속 공부합니다. 공부하기 위해서는 달리 방법이 없습니다. 학원도 몇 개 없었죠. 알아서 공부해야 합니다. 한정적인 책으로 집이라는 한정된 공간에서 공부했습니다. 같은 책이 지겨운 줄도 모르고 공부했죠. 공부법은 저절로 터득됩니다. 다른 것에 홀릴 게 없으니 몇 개의 책만 계속 보게 됩니다. 학습의 필수 요소인 집중력과 자기주도학습, 복습 능력까지 저절로 길러지던 시대입니다.

반대로 요즘 아이들은 무수히 많은 학습지, 문제집과 함께 살아갑니다. 학원은 셀 수 없을 정도로 많습니다. 공부하기 위한 공간도 훨씬 늘어났습니다. 학습지, 학원에서 푸는 문제집, 집에서 따로 푸는 문제집, 학원마다 다른 선생님, 개인 과외까지 아이들은 바쁩니다. 문제집은 금방 싫증이 나고 풀기 싫어집니다. 지금 당장 푸는 문제집이 지겨우니 다른 쉽고 얇은 문제집을 풀고 싶어 합니다. 문제집을 풀며 깊은 이해를 하기보다는 얼른 해치우고 싶습니다. 공부는 많이 시키는 것 같지만 아이의 집중력은 오히려 나빠집니다. 예전엔 당연했던 자기주도학습을 이제는 가르쳐야 하는 시대로 변하게 됐습니다. 마음껏 뛰어놀고 싶지만, 그것조차 여의치 않습니다. 더불어 TV, 스마트폰, 유튜브의 영향도 결정적입니다.

요즘 초등학생들을 보면 안타깝습니다. 지나치게 혹사당하는 것 같다는 생각도 듭니다. '저렇게까지 공부해야 하나?' '저렇게까지 공부한다고 아이에게 어떤 도움이 될까?'라는 생각이 이어집니다. 아이들의 완성된 겉모습을 위해 너무 무리시키진 마세요. 공부 잘하는 친구들의 겉모습만 보며 그 아이가 다니는 학원, 공부법, 학습지, 읽는 책을 무작정 따라 하지 마세요. 우리 아이와는 안 맞을 수도 있습니다. 그보다 우리 아이가 학습에서 지금 부족한 부분이 무엇인지, 어떻게 하면 보충해줄 수 있는지, 힘들어하는 부분은 어디인지, 공부에 관해 어떻게 생각하는지 충분히 대화를 나누어보세요. 학습하는 아이는 우리의 자녀입니다. 그 외 모든 것은 학습을 도와주는 역할이지 학습을 이끌어가는 주체가 아닙니다. 사교육은 아이가 부족한 부분을 채우는 데 필요합니다. 단, 지나치게 사교육에 의존하는 것은 멀리하셨으면 좋겠습니다. 아이가 공부 습관을 차츰 형성해감에 따라 선택적으로, 필요에 따라 학원을 고르길 바랍니다.

아이를 정말 잘 키워보고 싶은데, 방법을 몰라 여러 정보에 휘둘리는 부모들이 있습니다. 옆집 아이가 수학을 잘한다는 소문을 듣고 비법을 물어보니 학습지와 학원이라고 합니다. 바로 상담을 받습니다. 아이가 읽으면 좋은 책은 꼭 사서 아이에게 읽힙니다. 집에 TV도 없애야 하나 고민합니다. 영어 회화 학원도 필요한 것 같아 등록합니다. 중간에 비는 시간이 생겨 한자 학습지도 신청합니다. 피아노와 태권도는 필수입니다. 중국어도 배워야 하나 고민이 듭니다. 엄마인 나는 이렇게 열심이고 조급한데, 멀뚱멀뚱 있는 아이를 보니 내 마음 같지 않고 여유로워 보여 답답합니다.

너무 조급하게 생각하지 않으셨으면 좋겠습니다. 아이를 좋은 대학에 보내는 건 부모의 정보력이라는 이야기, 아이가 자람에 따라 좋은 학군으로의 이사, 부모가 골라주는 친구, 여러 학부모 모임, 맘 카페 등 엄청난 정보의 홍수 시대입니다. 돼지 엄마라는 이야기도 있죠. 무수히 많은 정보와 불안감에 휩싸여 내가 가는 이 길이 올바른지 알 수 없습니다. 초등학교 저학년 때부터 좋은 학군에 있는 학원으로 아이를 픽업하고, 영어와 수학을 선행 학습합니다. 혹시 공감된 부분이 있나요?

저는 아이 스스로 할 수 있는 힘을 기르기 위해 이 책을 집필하게 되었습니다. 아이가 올바른 공부 습관과 힘을 가지고 있다면 지금 덮어주세요. 이 책은 아이의 공부에 관해 진솔한 고민과 방법을 찾는 부모에게 도움이 됩니다. 많은 사교육이 있지만 결국 공부하는 것은 아이 자신입니다. 아이들이 10년 전보다 아는 게 많고 공부도 잘하는데 읽고 이해하는 능력은 왜 부족할까요? 왜 사고력 수학이라는 새로운 수학이 생겨났을까요? 예전에는 당연했던, 스스로 하는 자기주도학습이 도대체 왜 다시 강조되는 걸까요?

초등학교는 중고등학교 때 본격적으로 공부하기 위해 한 발씩 나아가는 준비 단계라고 봅니다. 올바른 공부 습관을 익히고 공부하는 법을 자연스럽게 익히는 단계입니다. 아이가 12년의 공부 레이스를 멋지게 완주하는 데 이 책이 조금이나마 도움이 되었으면 좋겠습니다.

『논어(論語)』의 「학이편(學而篇)」에는 "학이시습지불역열호(學而時習之不亦說乎)"라는 말이 있습니다. "배우고 때때로 익히면 기쁘지 아니한가?"라는 뜻입니다. 아이가 올바른 공부 습관으로 공부의 참맛을 깨달으면 저절로 기쁨을 알아갈 수 있지 않을까 생각합니다.

마지막으로 항상 옆에서 힘이 되어주는 사랑하는 아내 이현영 님께 감사의 마음을 전합니다. 그리고 책 집필을 위해 많은 시간을 보내지 못한 미안함과 사랑하는 마음을 예쁜 딸 초록이에게 전합니다.

계획대로 되지 않는 아이 키우기에 정답을 찾고자 수많은 학습·공부 관련 서적과 씨름을 해왔다. 저처럼 흔들리며 수많은 시행착오를 겪고 있는 엄마들에게 이 책은 친절하고 자세하게 길을 안내해 준다. 코로나19로 가정학습기간이 길어지면서 망가진 생활습관과 학습습관으로 고민하는 엄마들이 많다. 현직 교사의 생생한 체험과 고민을 바탕으로 만들어진 초등 생활 지침서를 통해 지치지 않고 이 위기를 함께 이겨나갈 수 있기를 바란다.

정익&수아 엄마 안지영

수영을 잘하려면 어떻게 해야 할까? 물과 친해지기부터 시작해 차근차근 단계를 밟아가야 한다. 어렸을 때부터 바닷가에서 헤엄을 즐겼어도 정식 훈련을 받지 않으면 수영선수는 될 수 없다. 물장구치던 아이가 멋지게 접영을 하는 아이로 변화되는 것처럼, 이 책은 정식 훈련 없이도 공부를 시작하는 아이에게 공부 완성을 맛보게 하는 책이다. 이 책을 통해 공부의 날개를 단 아이가 멋지게 하늘로 비상하는 모습을 꿈꿔 본다.

금상초등학교 교사 〈피미 마을 짜이의 도전 저자〉 이재풍 초등학교 입학을 앞둔 남자아이를 키우는 학부모로서 가장 큰 고민은 '우리 아이가 수업시간에 앉아서 집중을 할 수 있을까'였다. 주변에서는 학교 가기 전에 공부습관을 잡아야 한다고 말한다. 하지만 어디서부터 어떻게 공부습관을 잡아야 하는지 시원하게 답을 해주는 사람이 없었다. 『초등 공부, 습관으로 정복하기』는 이런 고민을 가진 학부모에게 올바른 방향을 알려주는 이정표다. 공부와 친해질 수 있는 습관들을 아이와 함께 실천해 보면서 변화하는 아이의 모습을 나와 같은 고민을 가진 다른 학부모들도 경험해보길 기대한다.

윤종&현서 엄마 이은경

선생님의 따뜻함과 사랑을 가득 담은 모습 그대로, 아이들 한 명 한 명을 따뜻하게 보았고, 넉넉하게 품으며 아이들과 만나고, 아이들이 마음을 읽었던 자신의 삶을 책으로 엮어내는 선생님의 행보를 응원한다. 제목만 보아도 가슴 설레고, 미소가 지어지는 이 책이 이 땅에서 학부모로 사는 많은 이들에게 위로가 되고, 응원이 되고, 지지가 될 것이라 여겨진다. 마치 차 한 잔 앞에 두고, 선생님과 마주 앉아 이야기를 나누듯 선명하게 다가오는 이 책이 많은 이들에게 읽히길 바란다.

광주도평초등학교 교사 〈온작품 읽기 공저〉 류민혜

목차

PART 3 초등학교 2학년, 단체 생활에 익숙해지다

PART 4 초등학교 3학년, 아이는 부모의 통제를 느낀다

PART 5 초등학교 4학년, 자아 효능감이 필요하다

PART 6 초등학교 5학년, 아이는 수업 시간이 지겹다

PART 7 초등학교 6학년, 부모의 관심이 아이를 바꾼다

PART 1

우리 아이 공부를
지도하기 전에

초등 공부,
습관이 전부다

같은 목표를 향해 달리기하는 두 아이가 있습니다. 한 아이는 결승점이 눈앞에 보이는 포장된 직선 도로를 달립니다. 또 다른 아이는 구불구불한 비포장도로로 달립니다. 누가 결승점에 먼저 도착할까요? 직선을 달리는 아이입니다. 공부를 잘하기 위해 아이들은 초등학교 시기에 기초를 닦아 중학교, 고등학교 시기에 본격적으로 실력을 뽐내게 됩니다. 모든 부모는 아이가 공부를 잘하기를 바랍니다. 친구들보다 더 좋은 성적을 받아오길 바랍니다. 공부도 달리기와 같습니다. 같은 목표를 향해 가는 아이들이 어떤 길로 달려가느냐가 성적을 가늠합니다. 그렇다면 어떻게 해야 아이들이 곧게 뻗은 트랙을 달리게 할 수 있을까요?

초등 자녀 공부에 대한 많은 지침서가 있습니다. 학원, 학습지, 방과 후, 과외 등 무수히 많은 사교육 방법도 있습니다. 시중에 다양한 출판사만큼 넘쳐나는 다양한 종류의 문제집이 있습니다. 모두 다 읽고 풀고 채점까지 하려면 몸이 두 개라도 모자랍니다. 심지어 원하는 학원에 다니기 위한 테스트를 통과하기 위해 또 다른 학원에 다니기도 합니다. 사교육 시장이 커짐에 따라 부모의 관심과 걱정도 덩달아 늘어나는 추세입니다. 학교 교실에서는 선행 학습을 하는 아이가 많이 보입니다. 저학년은 영어, 고학년은 수학이 두드러집니다. 선행 학습을 하는 아이들은 학교에서 기본적으로 어깨가 으쓱합니다. 친구들이 모르는 내용을 풀고 있기 때문이죠. 우리 아이는 지금 배우는 내용도 힘들어하는데, 주변 아이들을 보면 저 멀리 앞서가고 있습니다. 지금이라도 주변의 조언을 듣고 뭐라도 해야 할 것 같습니다. 주변 학부모들과 이야기를 나누면 우리 아이만 아무것도 하지 않은 채 뒤처지는 느낌이죠.

우리나라와 다른 나라는 여러 가지 문화적 차이가 있기에 비교하기는 조심스럽습니다. 하지만 단언컨대 초등학교 사교육이 가장 발달한 나라는 대한민국이라고 자부할 수 있습니다. 전 세계에서 손꼽는 교육열을 가진 나라죠. 우리나라가 발전하게 된 결정적 원인으로 볼 수도 있지만, 때로는 지나치지 않은가라는 생각이 듭니다.

아이가 시험에서 받는 점수가 얼마나 중요할까요? 평균수명이 90세에 육박하는 요즘 과연 초등학교 성적이 얼마나 큰 의미가 있을까요? 성적보다는 아이의 공부에 대한 태도와 습관을 살펴보세요. 공부를 어떻게 생각하며 어떤 목표를 가졌는지가 중요합니다. 초등학생에게 "공부는 너의 미래와 너의 뜻을 펼치기 위해 꼭 필요해."라고 이야기하라는 뜻이 아닙니다. 이 말은 본인들에게 현실감이 없기에 잔소리로 흘려듣게 됩니다.

공부를 위해 열심히 달리는 아이들을 봅니다. 정신은 집에 남겨둔 채 몸만 학원에 다녀오는 아이들을 봅니다. 어떤 의미가 있을까요? 부모들은 아이를 그냥 두면 불안하다고 이야기합니다. 주변에서 다들 무언가 시키는데 본인만 가만히 있는 것 같다고 이야기합니다. 특히 반 모임, 주변 학부모들과 1시간만 이야기를 나누면 불안감은 증폭되어 집에 와 아이를 다그치게 됩니다.

나무보다는 숲을 봐주세요. 저는 초등학교 교육과정이 목표로 하는 점수를 달성하기 위한 시기가 아니라고 생각합니다. 초등학생은 평생 공부를 위한 기초를 닦아야 합니다. 고득점을 위한 암기와 맹목적인 공부가 아닌, 공부 습관을 만들어가는 시기입니다. 스스로 공부하는 방법을 모른 채 학원에 의존하는 아이들이 많습니다. 중학교까지는 그럭저럭 중상위권 성적을 받아옵니다. 가끔 상위권에도 보입니다. 이 아이들이 고등학교에 가면 어떨까요? 더 이상 누군가가 떠먹여주는 지식으로는 공부하기 쉽지 않은 양의 지식을 배웁니다. 물론 공부를 오랜 기간 하면 다 외우고 이해할 수는 있습니다. 하지만 공부 효율이 떨어집니다. 스스로 공부 습관이 있는 아이들은 1시간이면 끝낼 내용을 3시간, 4시간 하게 되는 셈이죠. 초등학교 시기의 차이보다 더 큰 차이로 나타나죠. 아이와 부모 모두 큰 시련을 만나게 될 수도 있는 시기입니다.

학교에는 아침을 먹지 않고 오는 아이들, 운동이 부족한 아이들이 많습니다. 평생 공부 습관을 위해서는 이 두 가지가 꼭 필요합니다. 아침을 먹어야 두뇌가 깨어나고 활발하게 활동을 합니다. 배고픈 상태로 학교에 온 아이들은 배고픔과 예민함이 두드러집니다. 집중력이 다소 떨어지죠. 배고픈 아이들은 급식 시간만 기다립니다. 간단한 아침 식사라도 꼭 해보세요. 최소 일주일에 1~2번은 아이와 함께 운동을 해야 합니다. 어렸을 때 비만인 아이들은 비만 세포가 자라나 성인이 되어도 쉽게 살찌는 체질이 된다고 합니다. 공부도 체력입니다. 꾸준한 운동으로 체력을 유지해야 긴 공부 레이스를 완주할 수 있습니다.

아이들은 부모의 영향이 절대적입니다. 부모와의 관계가 좋은 아이들이 학업 성취도가 높습니다. 매슬로의 욕구 단계 이론에 따르면 인간은 생리적 욕구, 안전에 대한 욕구, 소속감과 애정 욕구, 존중의 욕구가 채워져야 자아실현의 욕구를 추구하게 된다고 합니다. 여기서 자아실현의 욕구는 '학습'입니다. 하위 욕구들이 충족되어야 제대로 된 학습이 이루어집니다. 아이의 기본적인 의식주, 안전, 가족의 안정감, 소속감, 칭찬 등이 이루어져야 제대로 된 학습이 가능합니다. 하위 욕구가 충족되지 않은 상태에서의 학습은 자발적인 것이 아니라 인위적인 것입니다. 효율성이 많이 떨어집니다.

하위 욕구들을 채워주기 위해 부모들이 해야 할 것은 무엇일까요? 아이가 학습에 집중할 수 있게 편안한 심리적 환경을 제공하는 것입니다. 가화만 사성(家和萬事成)이라는 고사성어가 있습니다. 집안이 화목해야 모든 일이 잘된다는 뜻입니다. 아이들은 부모가 싸우면 극도의 불안감을 느낍니다. 학교에 와서도 불안해하며 신경을 씁니다. 수업 시간에도 전혀 집중하지 못합니다. 이때 학습이 가능할까요? 아이가 부모에게 크게 혼나고 난 뒤 공부하고 싶을까요? 아이가 제대로 된 학습을 하기 위해 값비싼 학원, 과외 모두 좋은 대안이 될 수 있지만, 부모가 만드는 행복한 가정이 아이의 학습을 위한 가장 큰 기초입니다.

공부 잘하는
아이들의 특징

실제 초등학교에서 공부를 잘하는 아이들에겐 공통적인 특징이 있습니다.
열 가지 중 몇 가지나 해당하는지 체크해볼까요?

우리 아이는 올바른 학습 태도를 지니고 있나요?

1 학교에서 배운 내용을 스스로 공책에 정리할 수 있다. ☐

2 책을 읽을 때 스마트폰을 보이지 않는 곳에 둔다. ☐

3 도서관과 학교에 가는 것을 좋아한다. ☐

4 시킨 범위보다 더 공부를 많이 한다. ☐

5 책상 정리 정돈을 깨끗이 한다. ☐

6 자기 생각을 분명히 표현한다. ☐

7 문제를 풀면 결과를 궁금해한다. ☐

8 교과서를 보면 깨끗하게 필기가 되어있다. ☐

9 부모님과 스마트폰 사용 시간을 제한한다. ☐

10 가정통신문을 집에 꼬박꼬박 챙겨온다. ☐

많은 칭찬과 격려를 해주세요. 이 아이들은 학습 동기 및 자존감이 낮을 가능성이 큽니다. 비록 학습 동기는 낮지만, 아이가 하고 싶은 일을 하기 위해서는 공부가 필요하다는 점을 꼭 인지시켜야 합니다. 단, "이번 시험에는 10개 이상 맞아야 한다. 안 그러면 스마트폰 금지야." 하는 식의 말은 아이에게 외부 요인에 의한 외재적 동기를 높여줄 수 있지만, 정말 아이가 공부하고자 하는 내재적 동기를 높여주지는 못합니다. 따라서 공부해야 하는 이유를 책이나 체험학습, 사례를 통해 알게 하고 기초 학습부터 되돌아가서 함께 해보세요.

학습 태도가 좋지 않아 현재 학년에서 배우는 내용을 따라가지 못할 가능성이 큽니다. 부모들은 학교에서 주는 통지표에서 아이가 '매우 잘함'과 '잘함'을 받으면 학습에 문제가 없다고 오해하는 경우가 많습니다. 하지만 초등학교의 성취 기준은 높지 않은 편입니다. '잘함'을 받았다면 해당 성취 기준을 올바르게 수행하지 못했다는 뜻이며, '보통'이나 '노력 요함'을 받았다면 학습을 전혀 따라가지 못했다고 받아들여야 합니다. 학습 능력이 떨어지는 여러 요인 중 학습 습관이 올바르지 않아 성적이 나오지 않는 경우입니다. 아이가 책 읽는 습관을 들이고 올바른 학습 태도를 보이게 해주세요.

부모의 눈에는 아이가 한 번에 이해하지 못한다는 사실 자체가 매우 답답합니다. 아무리 뛰어난 스승도 자신의 자녀는 교육하지 못한다는 이야기가 있습니다. 왜냐하면 부모는 지나치게 높은 목표를 기준으로 두고 자녀를 교육하기 때문입니다. 천 리 길도 한 걸음부터입니다. 아이가 다소 느리고, 또래보다 많이 부족해 보여도 믿고 한 걸음씩 나아가 보세요. 더 이상 부모의 손에 끌려가는 아이가 아닌, 함께 나란히 걷는 아이가 되어있을 겁니다.

☑ 7개 이상

아이가 모범적으로 학습을 하고 있을 가능성이 큽니다. 주변에서도 아이가 공부를 열심히 한다는 이야기를 종종 들으실 겁니다. 다만 학습 태도를 더 강화할 필요가 있습니다. 이 단계에 해당하는 아이 중 칭찬과 부모의 욕심에 의해 학습을 해나가는 아이들이 많습니다. 스트레스도 많고 반복적인 공부에 꽤 지쳐있는 아이도 많습니다. 따라서 아이가 긍정적인 마음으로 스스로 공부할 수 있도록 부모가 도와야 합니다.

부모가 볼 때만 공부하는 척하고 실제로는 다른 행동을 하는 아이도 종종 있습니다. 따라서 평소 학습 과정을 관찰해야 합니다. 이 아이들은 성향이 온순한 경우가 많습니다. 스스로 학습 결과를 친구들과 비교하기도 합니다. 부모의 지나친 비교나 간섭은 독이 될 때도 있으므로 적절한 코치를 통해 아이의 학습 동기를 유지해주세요. 부모가 아이 학습의 동반자가 된다면 아이는 큰 성장을 보일 것입니다.

올바른
공부 습관의 중요성

공부 습관은 아이가 평생을 살아가는 데 밑거름이 됩니다. 매일 하는 공부는 아이가 스스로 계획하고 점검하며 되돌아보는 기회를 제공합니다. 이는 공부하는 법을 공부하는 메타인지 능력과 관련이 있습니다. 공부를 잘하는 아이들은 모두 메타인지 능력이 뛰어납니다. 스스로 학습을 계획하고 주인이 되는 거죠. 자기주도학습과도 연결됩니다. 또한 공부 습관은 아이가 자기 삶의 주체가 되는 기회를 제공합니다. 자신이 결정하고 목표한 바에 따라 행동하고 사고합니다. 삶의 주인공이 되는 거죠.

아이마다 발달 속도는 다릅니다. 런던대학교의 제인 위들 교수는 실험을 통해 한 가지 습관이 몸에 배는 데 66일이 걸린다는 결론을 얻었습니다. 평균적으로 2달 정도 걸리는 셈이죠. 아이에 따라 2달보다 빠를 수도 있고, 1년이 넘게 걸릴 수도 있습니다. 아이가 공부 습관을 들일 기회를 부모가 적극적으로 지원해주세요. 많은 부모가 저학년 시기에는 학습에 큰 관심을 보이다가, 아이가 3학년이 되어 학원에 본격적으로 다니기 시작하면 손을 놓습니다. 공부하는 주체는 아이입니다. 아이가 학원에 다니기 시작하면 부모는 학습의 동반자가 아닌 점검자로 역할이 변합니다. 빨간색 펜과 예사롭지 않은 눈으로 아이의 숙제를 검사하기 시작합니다. 방에 가서 공부하라는 이야기는 보너스입니다.

자녀의 주변 아이들이 앞서가는 것을 보며 너무 부러워하지 마세요. 영어가 유창한 아이, 선행 학습을 마친 아이, 말을 논리적으로 잘하는 아이가 눈에 보이나요? 반대로 생각하면 우리 아이보다 영어가 부족한 아이, 현재 학년을 따라오기 힘들어하는 아이, 말이 서툰 아이가 더 많습니다. 빠르게 가기보다는 올바른 방법으로 접근해주세요. 부모의 교육관은 표현하지 않더라도 아이에게 모두 전해집니다.

주변 친구들을 보며 긴장하는 부모들은 피라미드의 꼭대기에 우리 아이가 있기를 바라는 공통의 특징이 있습니다. 더 높이 더 높이 올라가야 마음의 안정을 얻지만, 또 다른 경쟁자가 생기면 불안해합니다. 아이도 느낍니다. 공부하고 있어도 불안하고, 더 높이 올라가야 할 것만 같습니다. 시험에서 100점을 맞았습니다. 엄마는 기뻐하지만, 더 바라는 게 있는 눈치입니다. 분명한 목표는 큰 도움이 됩니다. 하지만 이 같은 교육 방법은 아이들에게 내려오는 방법을 가르쳐주지 않습니다. 세상 모든 일은 올라갈 때가 있으면 내려갈 때가 있습니다. 상처받는 아이의 마음을 치유하고, 더 큰 원동력을 얻는 힘이 필요합니다. 아이를 조금 더 자세히 살펴보세요. 가장 좋은 방법은 아이 스스로 정해진 목표를 향해 내디디고, 스스로 힘을 길러 극복하는 과정을 겪는 것입니다. 바로 올바른 공부 습관의 힘입니다.

"선생님, 공부는 왜 해야 하나요?"

아이들이 항상 물어보는 질문입니다. 가장 기본적이면서도 난감한 질문이 아닐 수가 없습니다. 보통 저는 대답합니다. "공부를 꼭 해야 하는 이유는 없어요. 하지만 공부를 열심히 해야 여러분이 원하는 꿈을 이루는 데 도움이 됩니다. 어떤 직업이든 공부와 노력은 꼭 필요해요. 지금 공부에 끝없이 도전해보고 노력하는 과정은 여러분이 무엇을 하더라도 성공하는 힘을 줄 거예요." 제 말뜻을 이해하는 아이 중 저학년은 없습니다. 고학년에 몇 명 존재하죠. 독자들은 이해하실 겁니다. 사실 학교 공부를 열심히 하지 않아도 할 수 있는 직업은 매우 많습니다. 공부를 대학, 취업에 쓰진 못해도 무언가를 열심히 하는 습관은 인생의 큰 힘이 됩니다. 직업은 갖는 것도 중요하지만 자신의 능력을 어떻게 펼치느냐도 중요합니다. 모든 직업에는 노력과 끈기, 공부가 뒷받침되어야 하기 때문입니다.

개천에서 용 난다는 말을 아시나요? 부모님 세대에는 개천에서 나는 용들을 주변에서 많이 보셨을 겁니다. 요즘은 어떤가요? 주변에서 이와 같은 이야기가 많이 들리시나요? 안타깝게도 현대 사회에서는 개천에서 용 나기가 불가능해졌습니다. 정치적 논점이 아닌 교육적 논점입니다. 요즘 교육 트렌드는 초등학생 때부터 공부를 잘하는 아이가 중학교, 고등학교에서도 잘합니다. 그리고 좋은 대학에 입학합니다. 초등학생들에게 올바른 공부 습관이 꼭 필요한 이유입니다.

오늘 학교에서 시험을 봤습니다. 우리 아이가 단원평가, 상시평가에서 만점을 받아왔습니다. 정말 기쁜 일입니다. 가끔 한두 개 틀리지만, 줄곧 만점을 받습니다. 부모의 기대는 점점 자라납니다. 우리 아이가 TV에서 보는 영재가 아닐까, 이 정도면 SKY라고 불리는 좋은 대학교에는 가지 않을까, 조금만 더 하면 의사, 검사, 판사가 될 수 있지 않을까 하는 생각까지 이어집니다.

초등학생 아이들은 점수도 중요하지만, 학습 자신감이 필요합니다. 아이와 함께 평생 공부 습관을 만들고 아이의 강점을 살려주세요. 안타깝게도 부모들이 자녀 교육을 위해 많은 시간을 투자하는 쪽은 아이와 대화하며 아이의 특징과 공부 방향을 함께 설정해 나가는 것이 아닙니다. 주변에 소문난 학원, 대형 학원, 공부 잘하는 아이가 다니는 학원, 주변에서 하는 학습지에 초점을 맞춥니다. 학습에서 아이는 주인공이 아닌 들러리가 되고 맙니다. 아이가 받는 스트레스는 점차 늘어나고, 의존성도 커지며, 공부는 점점 더 하기 싫어집니다. 부모는 아이가 자람에 따라 더 많은 사교육을 시키며 부모의 불안감을 해소하고자 합니다.

맞벌이와 바쁜 일상 및 다양한 개인 사정으로 아이의 공부를 온전히 돌보기 힘든 여러 이유가 있습니다. 집 근처 학원만 가도 우리 아이를 위한 맞춤교육과 체계적인 시스템을 이야기합니다. 부모의 눈에서는 집에서 놀기만 하는 아이가 학원에 가면 뭐라도 할 수 있을 것만 같습니다. 학원에 다니면 좋은 점은 정말 많습니다. 집에서 아이와 하는 실랑이가 적어지고, 퇴근 후 집에서 일정한 휴식 시간을 보장받을 수 있습니다. 부부끼리 보내는 시간도 조금 더 생깁니다. 아이와의 관계도 좋아지는 것 같죠. 아이의 성적도 학원 다니기 전보다 좋아집니다. 아이를 학원에 보내길 잘했다고 생각합니다. 주변 학부모를 통해 더 많은 정보를 듣고 좋은 학원, 학습지, 문제집, 과외를 추가로 등록합니다. 경제적 부담이 커지는 것은 어쩔 수 없다며, 아이를 위하는 길이라며 감수합니다.

아이를 '학습의 주인공'으로 만들어주세요. 부모의 일방적인 학원 선택보다는 아이에게 결정권을 주세요. 학원 보낼 때 아이에게 최소 두 가지 이상의 선택지를 주세요. 상담 후 아이가 결정권을 가져야 합니다. 아이가 자기주도적인 학습자가 되기 위해서는 최소한의 선택과 책임이 필요합니다. 학원 선택과 더불어 가정에서의 학습 시간, 학습 방법, 독서 방법 등을 통해 학습의 주체가 될 기회를 주세요. 아이 학습의 최종 목표는 학습의 주도권이 부모에서 점차 아이에게로 넘어가며 부모가 학습의 조력자가 되는 것입니다. 학원은 아이의 학습에 도움을 주는 기관입니다. 아이를 전적으로 위탁하는 기관이 아닙니다. 학원을 보낼 때 부모의 명확한 교육철학을 바탕으로 아이에게 어떤 맞춤 정보와 교육을 제공하는지 꼭 살펴보세요.

대학교에 진학한 아이들조차 공부하는 법을 모른다는 이야기가 들려옵니다. 혼자 공부하는 법을 배운 적이 없기 때문이라고들 합니다. 대학 입학을 목표로 한다면 총 12년이 있습니다. 공부는 긴 마라톤과 같습니다. 아직 전력을 다할 시기는 아닙니다. 초등 6년은 12년 중 절반입니다. 기초를 쌓는 시기로 생각해주세요. 그리고 남은 6년 동안 점차 페이스를 높여 긴 장기 레이스를 완주해보세요. 모래 위에 지어진 집은 쉽게 무너집니다. 아이에게 공부 습관이라는 튼튼한 기둥을 세워주세요.

많은 부모는 우리 아이가 공부를 잘할지 아닐지 확신은 없지만 주변에서 다들 시키니 공부를 시켜봅니다. 초등학교 시기에는 공부 외에 특별히 재능을 찾을 수도 없다고 이야기합니다. 온종일 학교와 학원에 가서 멍하니 있다가 와서는 억지로 숙제를 하는 게 효과적일까요? 아니면 집에서 매일 학교에서 배운 내용을 복습하고 독서와 글쓰기, 문제집을 풀며 부모와 많은 대화를 나누는 게 효과적일까요? 선택은 부모에게 달려있습니다. 저는 초등학생 아이들은 정말 필요한 공부만 하고 마음껏 뛰어놀고 책도 읽고 다양한 것을 체험하길 바랍니다. 본 책에서 이야기하는 습관을 위한 내용을 집에서 아이와 함께 실천하고 다양하게 응용·발전시켜보세요. 어느새 스스로 학습하는 아이로 자라나는 모습을 볼 수 있을 겁니다.

질문드립니다. 다음 다섯 가지 중 몇 가지나 알고 계시나요?

---

1 우리 아이가 가장 좋아하는 과목은 무엇인가요?

2 아이가 가장 좋아하는 책이 뭘까요?

3 아이는 쓰면서 공부하는 것과 소리 내어 공부하는 것 중 무엇을 선호하나요?

4 현재 풀고 있는 문제집의 출판사를 아시나요?

5 아이가 공부할 때 함께 책을 읽거나 공부하시나요?

다섯 가지 모두 다 알고 있다면 굳이 이 책을 읽지 않으셔도 좋습니다. 초등학생 아이들의 학습에는 부모의 관심이 더 많이 필요합니다. '검사'가 아닌 '관심'으로 학습에 함께 해주세요. 한 번 학습을 부정적으로 생각하게 되면 되돌리기가 어렵습니다. 저학년부터 꾸준히 노력해 올바른 공부 습관이 정착할 수 있게 힘써주세요. 많은 시행착오와 어려움이 예상됩니다. 눈 딱 감고 1년, 아니 1학기만이라도 해보세요. 변해있는 아이와 마주할 수 있을 겁니다.

아이들은 공부를 왜 싫어할까요? 교실에서 아이들에게 질문하면 대답은 매년 똑같습니다. "재미가 없어요." "쓸모없는 내용을 배우는 것 같아요." 이 두 가지입니다. 공부가 왜 재미없을까요? 몇 가지 원인이 있습니다. 우선, 아이들은 즉각적인 반응과 보상, 흥미로운 전개 및 화려한 화면 변화, 소리에 익숙해져 있습니다. 아이들로서는 하얀색 종이에 검은색 글씨만 있는 교과서는 가까이하고 싶지 않은 친구일 겁니다.

두 번째는 아이들의 어휘력이 부족한 경우입니다. 수업 시간에 교사가 사용하는 언어는 아이들이 일상적으로 사용하는 어휘와 다릅니다. 교과서의 어휘도 아이들에 따라 다소 어렵게 느껴질 수 있습니다. 모르는 단어들로 구성된 교과서와 설명을 들으면 아이들은 재미가 없습니다. 대학 시절 철학 수업이나 심화 전공 수업을 들었을 때 쉽고 명확히 이해하셨나요? 같은 이치입니다. 자연스럽게 집중력이 떨어지고 다른 생각에 쉽게 빠질 수 있습니다. 이해할 수가 없기 때문이죠.

요즘 초등학생들은 해야 할 것과 하고 싶은 것이 너무 많습니다. 공부, 책 읽기, 태권도, 음악, 미술 학원도 다닙니다. 좋아하는 아이에게 마음을 표현하고 싶고, 재미있는 유튜브 영상과 게임, TV 프로그램도 많습니다. 아이들은 해야 할 것과 하고 싶은 것을 함께 하며 초등학교 시기를 보냅니다. 부모님이 집에서 가장 강조하는 것은 공부입니다. 부모들은 학원에 다니며 가르치는 내용을 모두 외워 문제집을 다 맞히면 우리 아이가 공부를 잘한다고 생각합니다. 하지만 초등학교 때 공부를 잘했던 아이들의 성적이 중학교에서 내리막길을 걷는 사례를 많이 보셨을 겁니다. 이 아이들의 공통적인 특징은 공부는 오랜 시간 하는데 효율이 낮다는 것입니다. 평소 학원도 열심히 다니고 책상에 앉아 공부도 오래 합니다. 하지만 성적은 반에서 중간도 채 가지 못합니다. 공부하는 시간이 즐겁지 않기 때문이죠.

아이들은 배우는 내용이 실생활에 무슨 소용이 있는지 항상 의구심을 품습니다. 분수를 왜 배우는지, 우리 고장을 왜 탐구하는지, 우주에 대해서 왜 배우는지 잘 모릅니다. "여러분의 머리를 똑똑하게 만들려고 배웁니다."라는 이야기가 소용이 있을까요? "이런 공부를 통해 지금 여러분이 살기 편하게 되었어요. 인공지능, AI, 스마트폰, 자동차 모두 이런 공부를 해서 개발된 겁니다."라는 말 역시 전혀 소용없습니다. 결국 아이들에게 실제로 공부가 재미있을 수도 있음을 알려주는 것이 가장 중요합니다. 공부가 재밌으려면 기본은 수업 시간에 배우는 내용을 이해할 수 있어야 합니다.

아이들의 특징은 자신이 한 번이라도 들어본 것은 이해하고 있다고 생각합니다. 특히 학습 만화를 많이 읽는 아이들은 자신이 아는 단어가 나오면 알고 있다고 이야기합니다. 학습 만화는 책 읽기일까요? 학습 만화는 별도의 영역입니다. 아이들이 학습 만화를 좋아하는 이유는 만화 때문입니다. 아이가 정보를 얻기 위해 읽진 않습니다. 학습 도서는 지식을 전달하기 위한 만화일까요, 만화를 그리고 지식을 끼워 넣는 걸까요? 학습 도서 대부분은 지식의 본질보다는 단편적인 지식에 치중하여 아이를 얕게 공부하는 습관을 키웁니다. 생각하는 힘을 없애는 거죠. 읽은 내용을 질문하면 정확하게 모르는 경우가 대부분입니다. 대답하더라도 단편적인 내용만 알고 있는 경우가 많습니다. 비슷한 사례를 물어보면 처음 들어보는 내용이라 모른다고 대답합니다. 지식은 외우는 것도 중요하지만 그 생성 과정을 이해하는 것이 올바른 공부입니다.

교과서를 읽어보세요. 교과서의 기본 구성은 지식 암기가 아닌 지식의 탄생 배경과 원리, 실생활 적용하기로 구성되어 있습니다. 문제집을 푸는 것도 좋지만 아이와 함께 교과서를 읽어보세요. 교과서는 해당 교과의 전문가들이 모여 내용을 선정하고 검토위원의 검토를 거쳐 학교에서 배우게 됩니다. 교과서는 그림이 많아 간단해 보이지만 아이들의 발달단계와 내용의 적절성을 고려하여 핵심 내용을 모두 포함한 결과물입니다. 어휘력도 발달 수준에 딱 맞추었습니다. 또한 교과서는 지식을 나열한 것이 아닌 원리와 이해, 적용으로 기술되어 있습니다. 선생님도 교과서 순서에 따라 수업을 진행하죠. 아이가 교과서를 자주 읽는다면 수업 패턴에 익숙해집니다. 자연스럽게 수업에 대한 이해도가 높아지고 자신감도 생깁니다. 아이가 학교 수업을 따라가기 힘들어한다면 미리 교과서를 읽어보는 것이 큰 도움이 됩니다.

무엇보다 가장 중요한 것은 공부 습관을 만드는 것입니다. 부모들이 흔히 알고 있는, 책상에 1시간 동안 앉혀 문제집을 풀고, 몇 개 맞고 틀렸는지 기록하는 방식이 아닙니다. 아이들이 스스로 학습하는 공부 습관을 만들 어야 합니다. 빡빡한 공부 스케줄에 지친 아이들을 위해 주말은 여행을 다녀야 한다는 강박관념이 있습니다. 내려놓으세요. 부모 주도의 여행은 결국 고학년이 되어감에 따라 함께 놀러 가기 싫은 것에 많은 지분을 차지합니다. 아이가 가고 싶은 곳을 가보세요. 아이가 앞장서 하고 싶은 걸 하고, 부모는 한 걸음 뒤에서 아이의 안전만 신경을 써주세요. 아이 스스로 하는 모습이 뿌듯하지 않을까요?

학습과
뇌의 관계

뇌 발달에도 시기가 있습니다. 초등학교 시기는 뇌 성장이 가장 활발한 시기입니다. 많은 연구를 통해 밝혀진 결과는 다음과 같습니다. 0세부터 3세까지는 오감이 발달하는 단계로 아이의 뇌세포가 직접 증가하며 발달하는 시기입니다. 인간으로서 살아가기 위한 기본적인 인지, 정서 등 모든 능력이 발달합니다. 3세부터 6세까지는 전두엽의 발달이 가장 활발하게 이루어집니다. 또한 12세부터 17세까지 한 번 더 발달합니다. 전두엽은 우리 머리의 앞쪽의 위치하는 부분으로서, 사고, 판단, 언어, 감정, 주의 집중력 등 뇌에서 중추적인 역할을 하는 기관입니다. 학습과 밀접한 관련이 있습니다. 이 시기에 아이들의 품성이라고 불리는 예의범절과 기본 생활 태도가 학습됩니다. 이 시기를 바르게 자라지 못한 아이에겐 주의력 결핍 장애나 여러 가지 정서적 문제가 발생한다고 학자들은 이야기합니다.

6세부터 12세까지는 측두엽이 발달하는 시기입니다. 언어의 여러 가지 형태를 이해하고, 함축적 의미, 유추, 어휘력 등 어휘와 관련된 종합적인 능력을 익히는 시기입니다. 말하는 능력과 듣는 능력이 이 시기에 주로 길러집니다. 다음으로 뒤통수에 있는 후두엽의 발달은 초등학교 고학년 시기에 이루어집니다. 후두엽은 자신에 대해 객관적으로 보는 능력과 관련된 부분입니다. 따라서 자신의 외모와 능력에 대해 바라보게 되고, 좌절도 하고 자신감도 얻을 수 있는 시기입니다. 주변과의 비교를 본격적으로 하게 되는 시기죠. 사춘기와도 맞물려 있습니다.

사람의 뇌는 글자를 학습하기에 적합하지 않은 상태로 태어난다고 합니다. 일부 사람들은 이 연구 결과를 토대로 글자 학습에 대해 부정적인 견해를 보입니다. 반대로 생각해보세요. 사람은 글자를 습득하며 뇌 구조가 변해갑니다. 사회 속에서 인간으로서 살아가기 위한 구조로 뇌가 변해가는 과정이죠. 인간의 뇌는 학습하지 않으면 동물의 뇌와 다르지 않습니다. 따라서 학교 공부는 필수적입니다. 국어에서 다양한 작품을 통해 생각하고 실천하는 능력을 기르고, 수학을 통해 끈기와 인내심, 사고력을, 사회를 통해 공동체 의식과 준법 의식을 신장하고, 도덕을 통해 주변을 둘러보는 힘을 기르며, 예체능을 통해 감수성을 길러야 합니다. 그래야 우리 아이들은 사회의 구성원으로서 올바르게 자라날 수 있습니다. 올바르게 자란 아이들이 대부분 부모와의 관계도 원만합니다.

뇌에는 시냅스라는 연결망 부분이 있습니다. 초등학교 3~4학년 때까지 시냅스는 성장을 끝마칩니다. 안타깝게도 그 이후에는 더 이상 시냅스의 양적인 성장은 없다고 합니다. 그렇다면 3~4학년 시기까지 시냅스를 성장시켜 주려면 어떻게 해야 할까요? 시냅스는 뇌에 자극이 주어질 때 발달한다고 합니다. 새로운 상황, 궁금증, 다양한 경험 등을 통해 개발된다고 합니다. 또한 3~4학년 시기 이후 시냅스의 양적인 성장은 없지만, 다양한 사고를 통해 이미 발달된 시냅스가 정교화되고 복잡해질 수 있다고 합니다. 공부를 통해 뇌에 자극을 주어야 합니다.

뇌에서 분비되는 여러 가지 물질 중 대표적인 신경 전달 물질로 도파민이 있습니다. 도파민이 많이 방출되면 즐거운 기분이 들고, 적게 방출되면 우울해지거나 기분이 좋지 않아집니다. 만약 기분이 좋지 않다면 학습에는 어떤 영향을 미칠까요? 혹은 기분이 지나치게 좋다면 학습에 어떤 영향이 있을까요? 아이가 학교에서 친구 관계로 어려워한다면 학습에 집중할 수 있을까요?

학습에 큰 영향을 미치는 뇌의 전두엽, 측두엽, 후두엽, 시냅스는 모두 초등학교 시기에 가장 큰 성장을 보이거나 완성됩니다. 생각의 크기와 효율적인 두뇌 사용이 결정되는 거죠. 맹목적인 학습이 아닌 아이들 스스로 생각하는 과정을 통해 생각과 생각을 연결하는 훈련이 꼭 필요한 이유입니다.

. . . . .

우리 아이
뇌를 망치는 중독

요즘 아이들은 욕설을 사용합니다. 귀여운 초등학생 아이들이 지나가면
서 서로에게 차마 입에 담지 못할 욕을 하며 즐거워합니다. 대화 중간중
간 욕이 들어가는 것도 아닙니다. 욕으로 대화를 진행합니다. 그리고 서
로 깔깔대며 웃습니다. 아이들은 왜 욕을 많이 하고, 욕을 통해 즐거움을
얻을까요?

왜냐하면 욕은 그 자체로 즉각적이고 재미있으며, 욕을 하면 멋있어 보이
기 때문입니다. 또한 상대방 반응이 재밌기도 하죠. 아이들이 자라면서 배
우고 경험하는 모든 것은 뇌에 입력됩니다. 친구들과 즐겁게 뛰어놀던 일,
부모님과 함께 캠핑 갔던 일 등 좋은 일이 모두 기억에 남습니다. 하지만
좋은 일뿐만 아니라 나쁜 일도 스펀지처럼 모두 기억에 남습니다. 친구와
싸웠던 일, 아이들이 나만 빼고 놀았던 일, 친구가 준비물을 빌려주지 않은
일, 부모에게 혼난 일까지 모두 기억에 남습니다.

실제로 교실에서 아이들과 생활해보면 욕을 사용하지 않습니다. 집에서도

....

아이들이 욕을 쓰지 않을 것입니다. 어른과 함께 있을 때는 쓰지 않습니다. 혼나기 때문입니다. 아이들끼리 모여있다면 이야기는 달라집니다. 욕을 쓰지 않는 아이들도 친구들과 어울리기 위해 은어를 사용하죠.

욕은 화가 날 때 사용하는 경우가 많습니다. 학계에서는 욕을 많이 사용하면 뇌가 망가진다고 합니다. 화가 날 때 욕을 사용하다 보면 뇌의 감정과 관련된 변연계가 활성화됩니다. 전두엽이 발달해야 하는 초등학교 시기의 지나친 욕설 사용은 변연계만 기형적으로 발달시키게 될 수 있습니다. 많은 욕설은 합리적인 판단이나 타인을 이해하는 능력이 부족한 아이를 만들어 갑니다. 학교에서도 욕을 많이 쓰는 아이들은 학습 능력이 떨어지거나 우울감을 느끼거나 친구들에게 지나치게 영향받는 경우가 많습니다. 또한 평소 언어 습관이 욕설로 대체되다 보면 어휘력 발달에도 부정적인 영향을 미칩니다. 더불어 아이들의 학습에 부정적인 중독과도 자연스럽게 연결됩니다.

아이들의 대표적인 중독은 게임 중독과 스마트폰 중독입니다. 하루 중 대부분을 게임 생각만 하고, 게임 캐릭터나 친구들과 같이 게임하기, 유튜브 등 관련 생각으로 하루를 보내며 부모에게 작은 거짓말까지 합니다. 심지어 잘 때도 꿈에서 게임을 한다는 아이들도 많습니다. 보통 아이들은 스마트폰을 머리맡에 놓고 잡니다. 아이들은 이때 본격적으로 스마트폰을 하기 시작합니다. 아이들과 상담을 해보면 심한 경우 새벽 4시나 5시까지도 한다고 합니다. 학교에 와서 피곤하고 졸린 상태기 때문에 학습과는 멀어지게 됩니다. 스마트폰이나 게임이 없으면 불안 증세를 보이기도 합니다.

식당에서 아이들이 소란스러우면 스마트폰 영상을 보여줍니다. 워싱턴대학교 정보대학원의 데이비드 레비 교수는 스마트폰을 자주 보는 사람은 '팝콘 브레인'이란 뇌 상태를 보인다고 했습니다. 자극적이고 즉각적인 자극에만 반응을 보이며 다른 현실 상태에는 무감각한 반응을 보인다는 뜻입니다. 실제로 스마트폰을 많이 하는 아이들은 자극적이고 다양한 색채 변화에 익숙해져 있습니다. 스마트폰이나 게임에서는 즉각적인 변화가 발생하죠. 내가 누르는 대로 바로 움직이며 상대는 죽거나 다치고, 스마트폰에서는 클릭 한 번이면 화려한 영상이 춤을 추기도 합니다.

이와 같은 자극에 익숙해진 아이들이 학교 수업을 듣는다면 어떨까요? 재미있을까요? 일반화할 수는 없지만, 학급에서 매년 스마트폰 관련 설문 조사를 하고 있습니다. 결과를 말씀드리면 스마트폰을 많이 사용할수록 학습 성적이 떨어지고, 수업이 지루하다고 느끼는 경우가 더 많습니다. 스마트폰에서는 즉각적인 반응이 나오는데 수업은 지루하기 때문입니다. 선생님의 설명, 글씨가 쓰인 책, 움직이지 않는 교과서 그림 등 너무 단조롭습니다. 이와 같은 아이들 특성을 반영해 다양한 모둠 활동이나 영상 자료 활동을 합니다. 하지만 그것조차 큰 흥미를 보이지는 못합니다.

궁극적으로는 스스로 공부하는 태도를 지녀야 하는 아이들에게 어떤 도움을 줄 수 있을까요? 아이가 스마트폰이나 게임 이외의 현실에서 즐거움을 찾을 기회를 제공해야 합니다. 아이들은 무언가 어려움을 겪을 때, 마음대로 되지 않을 때, 혼자 모든 것을 결정할 수 있는 스마트폰이나 게임 세계로 많이 빠져든다고 합니다. 아이가 어려움을 겪을 때 옆에서 힘이 되어주세요. 스트레스를 받는 일이 많을 때 아이가 다양한 취미 활동을 통해 극복할 수 있는 계기를 만들어주세요. 그림 그리기, 운동, 노래 부르기, 영화 보기, 글쓰기 등 자기주도적으로 할 수 있는 취미 활동은 아이들의 정서에도 좋습니다.

TV나 유튜브, 스마트폰 게임에 푹 빠진 아이들은 학습에 흥미를 보이지 않습니다. 다양한 시각 정보에 현혹되어 눈도 깜빡이지 않고 30분, 1시간씩 화면을 들여다보던 아이들에게 하얀색 종이에 검은색 글자가 쓰여있는 책은 어떤 느낌일까요? 무척이나 지루하고, 보고 싶지 않을 겁니다. 실제 사회 시간에 수행평가를 실시하고 그 결과를 보면, TV나 스마트폰을 하는 시간이 적을수록 성취도가 높습니다.

일반적으로 아이들은 3학년부터 본격적으로 스마트폰, 유튜브와 사랑에 빠지는 시기입니다. 중독 증세를 보이는 아이도 종종 보이죠. 유튜브와 스마트폰을 활용한 활동은 다양한 색깔과 화면의 순간적인 변화, 소리의 높낮이, 음악 효과 등을 활용해 몰입을 시킵니다. 그리고 사용자가 원하는 정보를 파악해 AI 분석을 통해 비슷한 영상을 계속 제공합니다.

TV, 스마트폰, 유튜브, 만화의 공통점은 생각을 안 하고 넋을 놓고 보게 된다는 점입니다. 다음에 이어질 내용이 궁금해지죠. 편한 자세로 현란한 영상과 그림에 매혹되어 뇌를 사용하지 않습니다. 반대로 공부는 불편한 자세로 하얀색 종이에 써진 글자를 보며 스스로 이해하며 뇌를 적극적으로 사용합니다. 다음에 어떤 내용을 배울지 크게 궁금하지도 않죠. 둘 중에 무엇이 더 편하고 재밌을지는 뻔합니다. 적당한 사용이 최선의 예방법입니다.

우리 아이 스마트폰 중독일까?	해당란에 O 표시
스마트폰이 근처에 없으면 불안하다.	
하루에 2시간 이상 스마트폰을 사용한다.	
화장실에 스마트폰을 가지고 들어간다.	
스마트폰 치는 속도가 빠르다.	
스마트폰이 보물 1호이다.	
아무 이유 없이 스마트폰을 만지작거릴 때가 있다.	
식사, 공부, 독서 중에도 스마트폰 알람이 울리면 바로 확인한다.	

출처: 「초등 저학년 독서습관 만드는 결정적 시기」

☑ **일곱 가지 항목 중 6개 이상 해당한다면: 스마트폰 중독 고위험군**
- 스마트폰 외에 다른 곳에 취미를 가질 수 있게 해주세요.
- 운동, 독서 등 다른 활동과 스마트폰을 접목하여 스스로 스마트폰 시간을 조율할 수 있는 능력을 길러주세요.

☑ **일곱 가지 항목 중 3~5개에 해당한다면: 스마트폰을 좋아하는 아이**
- 스마트폰을 정해진 시간에만 사용하게 하고, 아이와 대화를 늘려주세요.

☑ **일곱 가지 항목 중 0~2개에 해당한다면: 스마트폰을 올바르게 활용하는 아이**

빌 게이츠는 IT 부문에서 독보적인 인물입니다. 하지만 그의 자녀들은 컴퓨터 사용 시간이 하루 45분으로 제한되어 있고 13세가 되어야 스마트폰 사용을 허락받았다고 합니다. 빌 게이츠는 "TV를 보지 않고 책 읽는 시간을 늘

....

려 스스로 생각하는 법을 기르게 하려고 애썼다."라고 이야기합니다. 지금도 매년 두 차례씩 1~2주간 '생각 주간'을 갖는다고 하네요. 페이스북의 창시자 마크 저커버그 또한 자녀가 13세가 될 때까지 페이스북을 사용하지 못하게 한다고 하니, 이들이 초등학생들에게 어떤 영향을 미치는지 IT계의 두 거장을 통해서도 살펴볼 수 있습니다.

초등학교 3학년이 되면 반에서 3명 중 2명은 스마트폰을 사용합니다. 부모의 교육철학을 고수하기 쉽지 않습니다. 아이는 계속 조르니, 아이가 친구들 사이에서 소외되는 것처럼 느껴져 결국 사주게 됩니다. 3학년 아이들은 스마트폰을 게임기로 많이 사용합니다. 방과 후 손에서 스마트폰을 떼지 않습니다. 방과 후 아이들과 놀 때도 한 명이 게임을 하면 나머지 친구들이 구경합니다. 다 같이 할 때도 많습니다. 학교 수업이 끝나고 방과 후 수업을 기다리는 아이들은 모두 다 복도에서 스마트폰 게임을 하고 있습니다. 현실적으로 우리 아이만 스마트폰을 사주지 않는 것이 가능할까요?

만약 아이가 스마트폰과 멀어지기 힘들어한다면 부모와 함께 스마트폰 사용 금지 시간을 정해서 활동해보세요. 하루에 1시간이나 2시간씩 가족들의 스마트폰을 보관함에 모두 넣어두고 함께 스마트폰과 멀어지며 가족끼리 활동을 해보는 것도 좋습니다. 부모가 스마트폰을 사용하고 있는데, 아이만 쓰지 말라고 하면 반발심만 더 크게 생길 수 있습니다.

아이가 안쓰러워 타협하는 경우가 많습니다. 강제로 빼앗으실 필요는 없지만, 아이의 장기적인 발달을 위해서는 스마트폰과 멀리하는 것이 필수적입니다. 아이가 화를 내거나 떼를 쓴다고 사용을 허락해 준다면 아이는 자신이 화를 내거나 떼를 쓰면 뭐든지 다 해결된다고 생각할 수 있습니다. 가정에서 아이가 보이는 행동은 밖에서도 은연중에 드러납니다. 아이가 응석받이로 자라길 원하지 않는다면 때로는 단호한 모습도 보여주시기 바랍니다.

생활, 공부, 독서, 글쓰기 습관으로
공부 정복하기

어떻게 하면 초등학생 아이들에게 평생 학습을 이끌어갈 수 있는 공부 습관을 만들어줄 수 있을까요? 저는 초등학생 아이들의 공부 습관 만들기에 관해 연구하면서 재미와 흥미에 초점을 두었습니다. 학습에 관한 재미와 흥미를 유지하기 위해서는 배우는 내용이 재미있거나 방법이 즐거워야 합니다. 재미와 흥미를 위해 학습에 꼭 필요한 부분을 올바른 생활 습관, 공부 습관, 독서 습관, 글쓰기 습관으로 접근했습니다.

네 가지를 관통하는 핵심은 스스로 학습과 성취감입니다. 처음에는 부모의 지원이 필요하지만 생활, 공부, 독서, 글쓰기 습관 모두 궁극적으로 자기주도학습을 목표로 합니다. 학습의 기초가 되는 필수 영역들이죠. 공부의 최종 목표는 공부할 내용을 스스로 읽고, 정리하고, 외우고, 활용하는 것입니다. 초등학교 시기에 키운 공부력은 평생 공부의 든든한 지지대가 되어줄 것입니다.

① 올바른 생활 습관

아이들의 평소 생활 습관이나 태도를 통해 공부력의 기초를 쌓을 수 있습니다. 평소 TV와 스마트폰을 끼고 살며 만화책만 읽는 아이, 부모와의 대화는 "네." "아니요." "싫어요."가 대부분인 아이가 공부를 잘할 수 있을까요? 이 아이가 공부를 갑자기 하게 될까요? 유튜브 영상을 하루에 3~4시간씩 보는 아이가 공부하면서 집중할 수 있을까요? 불가능합니다. 아이의 생활 습관은 초등학교 저학년 시기부터 올바르게 잡아주어야 합니다. 아이도 하나의 인격체지만 부모처럼 많은 경험을 통해 올바른 판단을 하기에는 다소 미숙한 점이 많습니다. 부모가 옆에서 함께해야 합니다. 아이의 자율성도 좋지만, 올바른 성장을 위해서는 아이와의 대화, 협력, 때로는 엄격함도 필요합니다.

아이들은 스펀지처럼 주변에서 보고 듣고 느낀 것을 따라 하는 경향이 있습니다. 친한 친구들이 스마트폰 게임을 하면 함께 하고, 부모님이 스마트폰을 하면 함께 하고 싶고, TV를 보면 함께 보고 싶습니다. 그렇다고 아이의 눈과 귀를 막고 키울 수는 없습니다. 아이의 생활 습관에 하나씩 차분하게 접근해보세요. 부모가 공부 관련 책을 읽고 생겨난 갑작스러운 변화와 다그침은 오히려 아이에게 역효과를 일으킬 수도 있습니다. 아이가 방과 후 집에 왔습니다. 갑자기 없어진 거실 TV와 책을 읽고 있는 부모의 모습을 보면 어떨까요? 아이는 '올 것이 왔구나' 하고 긴장할 수 있습니다. 천천히 하나씩 해보세요.

② 올바른 공부 습관

초등학교의 절대적인 학습량은 중고등학교와 비교해 현저히 적습니다. 초등학교 시기에는 학교와 학원에서 가르치는 내용을 단편적으로 외우면 고득점을 받게 됩니다. 스스로 학습 내용을 요약해보거나 깊은 이해의 과정 없이 간단한 지식을 외우기만 하면 문제를 해결할 수 있습니다. 초등학교 시기는 부모의 영향력에 의해 노력하면 누구나 고득점을 맞을 수 있습니다. 초등 공부는 부모 공부라고도 하죠. 하지만 중고등학교에 가면 상황이 전혀 달라집니다. 학교와 학원에서 배운 내용을 모두 외우자니 외울 것이 너무 많습니다. 스스로 공부해본 경험이 없기 때문에 방대한 학습량을 스스로 정리해서 머릿속에 넣을 수도 없습니다. 먹기 좋게 정리된 지식만 습득하던 중 많은 양의 정돈되지 않은 지식이 아이들에게 다가옵니다. 아이는 스스로 정리하는 방법을 모르며 무작정 읽습니다. 글씨는 읽지만 이해하진 못합니다. 자연스럽게 공부는 어려워지고 자존감은 조금씩 떨어지게 됩니다. 결국 공부와 점차 멀어지게 되죠. 어떻게 해야 할까요?

문제집을 보고 필요한 부분을 외워 문제를 푸는 일차원적인 방식에서 탈피해야 합니다. 비효율적인 암기 방법이 아닌 효율적인 공부 방법을 몸으로 익혀야 합니다. 많은 암기보다는 이해와 반복으로 학습 내용을 깊이 이해해야 할 시기입니다. 학원에 많이 다니며 혼자 공부할 시간을 갖지 않는 아이들은 강의식 수업에 익숙해집니다. 탐구보다는 주어진 결과를 수용하고 암기하는 형태로 학습 방법이 굳어집니다. 스스로 생각하는 힘을 길러주어야 합니다. 심지어 답지를 보며 공부하는 아이도 많습니다. 내용을 듣고 이해하는 강의법에는 많은 장점과 더불어 단점도 존재합니다. 깊이 이해하지 않게 되는 단점으로 인해 아이들의 사고력 신장에 안 좋은 영향을 미칩니다. 학습의 3대 부정적 요소인 생각하지 않는 학습, 학습 의욕 저하, 스트레스가 자라날 수 있습니다. 따라서 학년별, 교과별 올바른 공부 방법

및 주의할 점을 알아봄으로써 공부의 기초를 닦아야 합니다.

③ 올바른 독서 습관

아이들은 책을 많이 읽어야 합니다. 다독과 정독 중 무엇이 좋은지는 닭이 먼저냐, 달걀이 먼저냐 하는 논쟁과 크게 다르지 않습니다. 둘 다 모두 좋은 독서 방법입니다. 하지만 일반적으로 초등 저학년은 책에 대한 흥미를 유발하여 다독하고, 고학년으로 넘어갈수록 점차 한 권을 깊게 읽는 정독으로 나아갑니다. 아이들은 기본적으로 책을 좋아합니다. 하지만 저학년 때는 많이 읽던 책을 고학년이 되면 손에서 놓는 경우가 많습니다. 학습량이 많아지는 3학년 시기에 독서를 놓는 아이들도 종종 보입니다. 초등학교 시기의 독서는 아이들의 공부 습관 형성에도 중요합니다. 책을 손에서 놓지 않도록 힘써야 합니다.

아이들은 주어진 글씨와 그림을 바탕으로 새로운 상상을 하며 책을 읽습니다. 이것은 뇌에 저장된 다양한 정보를 전두엽에서 끌어와 자신만의 이야기를 만들어 시각 중추를 통해 재생하는 것입니다. 책을 읽으면서 아이들은 책 정보를 조합하며 장면, 인물, 내용, 뒷이야기 등을 상상합니다. 앞에서 읽었던 내용을 기억하고 연관 짓고, 추측하는 과정까지 자연스럽게 이어집니다. 고차원적인 사고력과 집중력을 기르는 활동이죠.

아이들의 독서 흥미를 유발하기에 좋은 책을 골라보세요. 아이마다 흥미 있는 분야, 장르, 내용이 모두 다릅니다. 평소 아이가 어떤 분야의 책에 관심이 있는지 유심히 살펴보세요. 아이가 좋아하는 분야와 관련된 다양한 책을 검색을 통해 알아보세요. 함께 도서관, 서점에 가서 아이와 함께 책을 골라보고 읽어보세요. 아이들이 읽는 책은 저학년용 도서에서부터 고학년용 도서로 갈수록 그림이 줄어들고 글자가 많아집니다. 아이들 모두 자라는 속도가 다릅니다.

옆집 아이는 벌써 어려운 인문 고전을 읽는다는 이야기, 부모가 읽는 성인 소설을 읽었다는 이야기 등을 들으면 '우리 아이는 왜 이렇게 늦지?'라고 생각합니다. 걱정하지 마세요. 아이마다 독서 발달 속도는 다르지만, 많은 연구를 통해 알려진 바에 따르면 결과적으로는 큰 차이가 없다고 합니다. 따라서 아이가 그림책을 계속 읽고 있다면 조금 더 글씨가 많은 책을, 그림이 많은 동화책을 읽고 있다면 조금 더 글밥이 많은 책을 권해보세요. 꾸준한 독서는 아이 학습의 든든한 밑바탕이 되어줍니다.

④ 올바른 글쓰기 습관

글쓰기는 왜 해야 할까요? 실제 많은 부모와 상담을 해도 "글쓰기를 꼭 해야 하나요?" "아이가 너무 어려워하는데…" "논술 때문에 미리 준비하는 건가요?" "아이가 정말 싫어해요. 사이가 나빠질 것 같아요." 하는 이야기를 많이 합니다. 간혹 집에서 아이와 글쓰기를 할 때 다소 높은 수준의 글쓰기를 요구하는 경우가 있습니다. 저학년 아이들에게 고학년 수준의 글쓰기를 가르치기도 합니다. 글쓰기는 아이의 수준보다 조금 낮은 단계로 접근해보세요. 구체적인 방법을 알려주면 아이도 금방 글쓰기와 친해질 수 있습니다.

우리가 알고 있는 내용은 뇌의 장기기억에 잘 정돈된 상태로, 잠재된 지식으로 존재합니다. 글쓰기나 말하기를 통해 그러한 지식을 꺼내 자기 생각을 논리적으로 표현하게 됩니다. 국어의 네 가지 영역은 듣기, 말하기, 읽기, 쓰기입니다. 쓰기가 가장 마지막인 이유는 듣기, 말하기, 읽기가 익숙해져야 쓰기를 할 수 있기 때문입니다. 또한 가장 고차원적인 사고력을 요구하는 활동이기 때문입니다. 오랜 시간이 지났지만 연애편지 쓸 때를 떠올려보세요. 처음부터 끝까지 한 번에 완성할 수 있었나요? 친구에게 쓰는 생일 초대장, 사과 편지를 쓸 때도 아이들은 수많은 생각을 통해 글을 씁니다. 그만큼 아이들의 사고력을 길러 공부력을 기르는 데 결정적인 영향을 미치는 영역입니다.

공부를 좋아하지 않는 아이들은 글쓰기를 피하려고 하는 경우가 많습니다. 글쓰기를 해도 개요를 짜거나 생각해보는 과정을 생략한 채 5분 만에 완성합니다. 글쓰기는 아이의 학습을 위해 필수적입니다. 글쓰기는 아이들이 살아가는 데 어떤 도움을 줄까요? 커서 작가를 할 생각도 없고, 글쓰기로 먹고살 것도 아닌데 하는 생각이 듭니다. 우리는 생활에서 많은 글쓰기를 합니다. SNS에 짧을 글을 올리거나 해시태그를 고민할 때도 우리는 일종의 글쓰기를 합니다. 블로그에 여행 후기를 쓰거나 상품 구매평을 쓸 때도 짧은 글쓰기를 하고 있습니다. 누군가 대신 써주지는 않죠.

우리 아이들은 글쓰기로 어떤 것을 할 수 있을까요? 글쓰기를 하면 아이가 생각한 내용을 글로 표현하는 과정에서 사고력이 길러집니다. 말은 주워 담을 수 없지만 글쓰기는 퇴고할 수 있습니다. 최근 학교 평가들이 모두 서술형으로 바뀌고 있고, 시험에서도 서술형 평가가 많은 부분을 차지합니다. 글짓기로 대학 간다는 이야기도 종종 들립니다. 특목고 진학, 대학 진학, 논술형 평가, 자기소개서, 기획안, 공문 기안 등 글짓기는 평생을 따라다니는 능력입니다. 글쓰기를 통해 아이의 공부력을 길러주세요.

정리 정돈부터 차근차근 가르쳐요

다음 열두 가지 기본 생활 습관을 아이가 잘 갖추고 있는지 확인해보고, 가정에서 미리 연습해보세요. 다음의 생활 습관을 갖추고 있다면 학교 학습에도 무리 없이 적응할 수 있습니다.

1 일찍 자고 일찍 일어나기

2 혼자 세수하고 옷 입기

3 혼자 밥 먹고 젓가락질하기

4 먹은 그릇은 싱크대에 가져가기

5 200mL 우유 팩 뜯기, 운동화 끈 묶기

6 안전하게 가위질하기, 풀칠하기

7 학교 가기 전날 책가방에 필요한 물건 정리하기

8 웃어른께 존댓말 쓰고 예의 지키기

9 가정통신문, 준비물 확인하기

10 자신의 의사를 확실하게 표현하기

　　예) 화장실을 가고 싶거나 아플 때 선생님에게 이야기하기, 친구들에게 싫다는 표현 정확히 하기

| 11 | 책상에 바르게 앉아 10분 이상 책 읽기 |
| 12 | 올바른 연필 잡기, 공책 반듯하게 놓고 글씨 쓰기 |

저학년 아이들은 학교에서 특별히 평가를 보지 않습니다. 수행평가를 보긴 하지만 아이들과 함께하는 활동 중 평가하는 것으로 학교생활만 즐겁게 한다면 평가 결과에서 모두 "매우 잘함"을 받습니다. 즐겁고 규칙적인 학교생활을 하는 게 중요하죠. 저학년은 '알림장 스스로 확인하기' 활동이 기본입니다. 부모가 확인하고 준비물을 도와주는 것이 아니라, 아이가 스스로 부모에게 알림장 내용을 요청하는 연습을 하는 것입니다. 또한 준비물도 스스로 챙기고, 자신의 학용품이 무엇이 있는지 꼼꼼히 확인하는 습관을 들여야 합니다. 책상 속에 지우개가 있는데 또 구매하는 아이들이 많습니다. 자신의 물건을 소중히 하는 습관을 갖도록 해보세요.

알림장 밑에 빈칸을 만들어 다음과 같이 해보세요.

〈알림장〉 ○○○○년 ○월 ○일	〈내가 할 일〉
1 아빠, 엄마, 어머니 3번씩 써오기	1 아빠, 엄마, 어머니 3번 쓰기
2 리본 만들기 복습하기	2 리본 만들어 엄마, 아빠 드리기
3 부모님께 감사한 마음 가지기	3 부모님께 편지 쓰기

왼쪽 네모 칸은 학교에서 선생님과 함께 쓴 알림장 또는 받은 알림장입니

다. 오른쪽 네모 칸은 내가 해야 할 일을 직접 쓴 내용입니다. 스스로 내가 할 일을 완료한 뒤 동그라미 표시를 해보세요. 그리고 부모님과 함께 확인해보세요. 어릴 때부터 스스로 하는 습관을 들인 아이들은 꼼꼼하고 맡은 일을 잘할 수 있게 됩니다. 자연스럽게 학교에서 칭찬도 많이 받고 자신감도 쑥쑥 자라게 됩니다.

대부분 부모는 저학년 아이들이 정리를 잘하지 못해도 시간이 지나면 자연스럽게 좋아질 거로 생각합니다. 혹은 아이를 혼내거나 다그치는 경우를 많이 봅니다. 하지만 안타깝게도 저학년 때 정리를 못하는 아이들은 고학년이 되어도 대부분 비슷한 모습을 보입니다. 특히 자신의 자리를 어지럽히는 것뿐만 아니라 주변 아이들 자리까지도 어지럽히는 아이들이 많습니다. 정리를 못하는 아이들의 책상 속에는 그동안 나누어준 가정통신문이 구석구석에 구겨져 있습니다. 글씨도 알아보기 힘듭니다. 사물함은 뚜껑이 없어진 치약과 찾기 힘든 여러 책이 서로 뒤엉켜 있습니다. 저학년 시기부터 정리 정돈을 확실하게 지도해야 합니다. 올바른 습관에서 올바른 학습 태도가 나오기 때문입니다.

☑ 왜 해야 하나요?

왜 1학년 시기부터 정리 정돈을 해야 할까요? 실제 아이들의 정리 정돈과 수행평가 성적의 관계를 살펴보면 정리 정돈을 잘하는 아이, 공책 정리를 잘하는 아이가 공부를 잘합니다. 정리 정돈이 몸에 밴 아이들은 효율적으로 사고하는 방법을 기릅니다. 정리를 하며 가장 효과적인 방법을 지속해서 탐구합니다. 정리한 내용을 기억하고 되새기는 과정을 거칩니다.

....

정리 정돈을 잘하지 않는 아이들은 주변 친구들이 좋아하지 않습니다. 주변에서 "좀 치워." "정리 좀 해."라는 말을 계속 들으면 아이의 정서에 좋지 않은 영향을 미치겠죠? 아이들 사이에서 다툼의 원인이 되기도 합니다. 같은 반 친구들에게 정리 안 하는 지저분한 아이로 낙인이 찍힐 수도 있습니다. 따라서 아이들과 함께 학용품에 하나씩 이름을 붙이고, 연필은 몇 개, 지우개는 몇 개 있는지 함께 세어보세요. 아이의 물건을 항상 확인하고 올바른 사용법을 함께 익혀보세요. 사소한 것 하나라도 소중히 여기고, 아끼는 마음을 기를 수 있습니다.

☑ 어떻게 해야 하나요?

정리를 하는 과정에서 아이들은 스스로 분류 기준을 만들고 정해진 위치에 두는 연습을 합니다. 집에서는 평소 아이가 장난감을 가지고 놀면 제자리에 가져다 놓는 연습, 책을 읽고 제자리에 꽂아두는 연습을 해보세요. 아이만의 미니 책장, 정리함을 만들어주세요. 아이가 스스로 정해진 위치에 놓는 연습을 부모와 함께 놀이 형식으로 진행할 수도 있답니다. 부모와 함께 앉아서 하나씩 원하는 위치에 넣어보고, 다시 빼보는 과정을 반복해보세요. 무엇보다 가장 중요한 것은 칭찬입니다. 아이가 스스로 정리를 한다면 "정리를 잘해줘서 고마워. 우리 집이 깨끗해졌네."라고 칭찬해주세요. 작은 칭찬이 정리 정돈을 잘하는 아이를 만들 수 있습니다.

☑ 실천해봅시다!

아이의 정리 정돈 습관을 위해 가장 중요한 점은 부모가 정리 정돈을 깨끗이 하는 모습을 보여야 한다는 점입니다. 엉망진창인 집에서 부모가 아이에게 정리를 요구하면 아이가 올바르게 정리를 할 수 있을까요? 식사하고 난 뒤 다음날까지 그릇들이 그대로 있다면 어떨까요? 부모의 사소한 습관까지 아이는 배웁니다. 거실에서 간식을 먹고 그대로 두는 것, 구석에 굴러다니는 양말, 정리되지 않는 책장, 아무 데나 놓인 물건을 보면 아이도 똑같이 따라 하게 됩니다.

부모가 모범이 되어야 합니다. 부모가 먼저 깨끗이 정리하는 모습을 지속적으로 보이며 이야기해보세요. "너 왜 정리 안 해." 라고 하기보다는 "원래 있던 자리를 찾아볼까?" 라고 말입니다. 아이의 정리 정돈 수준은 어른에 비하면 많이 부족한 게 사실입니다. 아이가 발달이 느려 정리의 개념을 습득하지 못했을 수도 있고, 정리의 구체적인 방법을 모를 수 있습니다. 아이와 함께 규칙을 정해보세요. 정리 정돈을 아이와 함께 직접 하면서 방법을 설명해보세요. 아이는 아직 정리하는 자신만의 방법이 정립되지 않았습니다. 작은 것 하나라도 세세히 설명해보세요. 이렇게 꾸준히 하다 보면 어느새 정리 정돈 잘하는 아이가 되어있을 겁니다.

학교 가는 아이의 가방에는 안내장을 받아서 정리할 수 있는 포켓 파일, 필통 속에는 깎아 놓은 연필 2자루, 지우개와 가위, 풀은 필수입니다. 안내장을 스스로 가져오는 아이와 그렇지 않은 아이의 작은 차이가 고학년에서는 큰 차이를 만들어냅니다. 정리 정돈과 알림장, 가정통신문은 아이 생활 습관의 기초이자 핵심입니다.

1학년은 딱딱한 의자와 책상, 다소 삭막한 분위기의 교실에 새롭게 적응하는 시기입니다. 교육과정도 특별히 어려운 내용은 없고 많은 학습량이 필요하지 않습니다. 학교의 수행평가에는 여러 영역이 있습니다. 걱정하지 마세요. 매우 쉽습니다. 학교만 즐겁게 다니면 되는 저학년 시기에 과연 어떤 공부를 해야 할까요? 저학년 아이들은 무엇을 공부해야 할까요?

수학은 저학년 시기에 한글과 더불어 학습이 이루어져야 하는 핵심 과목입니다. 수학 교육과정은 나선형 교육과정으로 구성되어 있습니다. 1학년 때 배운 내용을 바탕으로 2학년 때 조금 더 심화된 내용이 나오는 교육과정입니다. 1학년 수학책은 난이도가 낮습니다. 10까지 더하거나 빼기, 수 모형 모으기와 가르기 등 수학의 기초를 가르칩니다. 하지만 이때 수학 공부 습관을 잘못 들이면 큰 어려움에 빠집니다. 문제집을 많이 풀기보다는 모형으로 직접 체험해보세요. 특히 저학년 아이들에게 연산 문제집은 아이가 올바르게 이해했을 때 풀게 해주세요. 그렇지 않으면 아이들이 수학을 산수로 인식하게 됩니다. 저학년 때 배우는 덧셈과 뺄셈의 원리는 초등학교 고학년까지도 계속 나오는 개념입니다. 올바르게 덧셈의 원리를 학습하지 못한 아이는 두 자릿수 덧셈, 세 자릿수의 덧셈에 어려움을 겪게 되고 분수와 소수의 덧셈을 익히는 데도 영향을 받게 됩니다.

아이가 친구보다 수학을 잘 이해하지 못하나요? 수학은 앉아있는 시간만큼 성적이 오릅니다. 아이가 부모와 함께 10분도 못 앉아있다면, 학교에서의 40분 수업을 과연 어떻게 들을까요? 최근에는 블록 타임으로 80분 수업을 하기도 합니다. 아이가 버텨낼 수 있을까요? 오래 앉아있는 아이가 공부도 잘합니다. 교과서와 문제집을 아이와 함께 풀어보세요. 시중에 있는 문제집은 난이도가 극명하게 다릅니다. 다양한 문제집 중 아이가 혼자서도 풀 수 있게 개념을 재미있게 설명한 책을 골라보세요. 또한 성취감을 느낄 수 있는 얇은 문제집을 풀어보세요. 수학은 많은 문제보다는 깊은 이해가 필요합니다.

☑ 수학을 공부하는 이유

아이가 공부를 잘하는 데 필요한 요소는 지능뿐만 아니라 주변의 환경, 아이의 심리, 평소 독서 습관, 집중력 등이 있습니다. 어렸을 때 공부를 잘하지 못한 아이들이 나중에 자라서 공부를 잘했다는 이야기가 종종 들립니다. 말 그대로 '종종' 들리는 이야기입니다. 안타깝게도 어렸을 때 공부를 못하는 아이는 쭉 공부를 못합니다. 여기엔 두 가지 원인이 있습니다. '낮아진 학습 자존감'과 '공부 습관' 때문입니다.

교실에서 30명 남짓의 아이들이 동시에 문제를 풀기 시작합니다. 빠르게 푸는 아이, 잘 푸는 아이, 풀지 못해 끙끙대는 아이, 포기하는 아이 등 여러 유형의 모습을 보입니다. 학습이 몇 달간 지속되면 아이들은 본인이 공부를 잘하는지 못하는지 스스로 판단합니다. 부끄러워하거나 문제를 숨기는 모습도 보입니다. 평가를 볼 때 항상 잘 푸는 아이를 보며 '쟤는 공부 잘하는 아이, 나는 공부 못하는 아이'라고 생각하기도 합니다.

저학년 아이들의 공부 자신감은 어떻게 만들어줄까요? 부모에 달려있습니다. 집에서 부모가 덧셈 뺄셈 놀이를 직접 해주는 아이와 그렇지 못한 아이가 있습니다. 어떤 아이가 수학을 즐겁게 받아들일까요? 집에서 부모와 함께 문제 푸는 연습을 한 아이는 수업 시간이 흥미롭습니다. 수행평가도 뚝딱 풀어냅니다. 그렇지 못한 아이는 학교에 와서도 집중하지 못하고 힘들어합니다. 자기만 모르는 내용이라는 생각이 듭니다. 저학년 아이들은 문제를 풀기 싫으면 다른 곳에 관심을 돌립니다. 딴짓하거나 주변 아이들에게 장난치는 행동을 주로 합니다.

아이의 주간 학습 안내, 알림장을 확인해보세요. 아이가 오늘 배운 내용은 꼭 그날 복습하게 해주세요. 수학책은 꼭 가방에 넣어 다니게 해주세요. 복습이 공부 자신감의 밑거름입니다. 학교에서 중간고사, 기말고사와 같은 시험이 없어지긴 했지만, 아이들이 배운 내용을 확인하기 위한 연습문제는 꾸준히 풀며 공부합니다. 수학 수행평가는 단원별로 모두 보는 학교도 있고, 한 학기에 3~4번 정도 보는 학교도 있습니다. 틀린 문제는 집에서 꼭 다시 풀어보세요. 아이가 기초적인 수학을 힘들어한다면 공부의 기둥이 흔들린다는 뜻입니다. 꼭 시간을 투자해 아이와 함께 수학 학습을 해보세요.

보통 수학을 왜 배우는지에 대한 의구심이 많습니다. '수학은 왜 해야 하지? 실생활과 전혀 관련 없는 것 같은데. 사칙 연산만 하면 되는 거 아니야?'라는 생각을 하는 사람들이 많습니다. 하지만 수학 공부 기초는 '끈기'와 '사고력'입니다.

끈기는 수학 문제에 대한 집착을 통해 기를 수 있습니다. 공부는 끈기와 인내심이 큰 아이들이 잘합니다. 수학 문제를 쉽게 포기하지 않는 끈기는 아이들에게 학습 집착력을 길러줍니다. 인내심과 근성도 길러줍니다. 책상에 오래 앉아있는 능력과 해결했을 때의 기쁨도 함께 길러집니다. 끈기는 아이가 학습을 이어가는 데 든든한 버팀목이 되어줄 것입니다.

학교 수학책과 수학 익힘책을 1권씩 더 구매해보세요. 아이와 함께 대화를 나누며 학교에서 배운 내용을 복습해보세요. 수학책은 수학적 원리에 충실하게 구성되어 있습니다. 수학 익힘책에는 배운 내용을 바로 확인할 수 있는 문제가 많이 있습니다.

학교에서 배운 내용에 관하여 수학 익힘책을 아이와 함께 풀어보세요. 바로 전날, 혹은 당일에 푼 내용도 틀리는 아이들이 꽤 많습니다. 학교에서는 수학 문제를 풀면 정답을 맞힙니다. 몰라서 계속 풀지 못하고 눈치만 보다가 옆 친구의 답만 옮겨 적는 아이, 아무 숫자나 정답으로 쓰는 아이 등 여러 아이가 있습니다. 학교에서도 매일 수학 익힘책을 검사하기는 하지만 수학적 능력보다 다른 능력(친구 답을 보고 쓰기, 답 듣고 적기)이 탁월한 아이들이 종종 꾀를 부리기도 합니다. 따라서 부모와 함께 알림장이나 주간 학습을 통해 수학 익힘책 쪽수를 확인한 뒤 함께 풀어보세요. 초등학교 저학년 내용은 부모들도 쉽게 아이와 함께 풀 수 있습니다.

수학을 잘하려면 이해력이 필요합니다. 문장제 문제가 많아 문제를 이해하지 못하면 풀 수가 없죠. 요즘 초등 수학은 개념, 연산, 사고력 수학으로 나뉩니다. 개념은 교과서를 통해 익히고 연산은 필요에 따라 연산 문제집을 활용해보세요. 아이가 약한 부분을 찾아내 풀어보세요. 빨리 풀기보다는 정확히 푸는 데 초점을 맞추세요. 아이가 수학 문제를 틀리면 빗금 표시보다는 별표를 해주세요. 그리고 아이가 다시 풀어보는 기회를 주세요. 답지를 아이가 직접 보는 건 금물입니다. 수학의 '판도라의 상자'를 벌써 열게 되면 안 되겠죠? 답지는 스스로 학습이 정착되었을 때 볼 수 있게 해주세요.

☑ 실천해봅시다!

구체물을 활용한 숫자 세기 연습을 해보세요. 마트에 10개짜리 계란 한 판이 있습니다. 탁구공이나 솜털 공 등 작은 공 10개를 준비하여 한 판을 채워보세요. 이 교구로 활동을 하면 10이 되는 수에 관해 재미있고 간단하게 익힐 수 있습니다. 집에서 아이와 숫자 세기 연습을 꾸준히 하고 층 쌓기 놀이를 함께 해보세요. 저학년 아이들의 경우 손가락으로 숫자를 더하는 아이들이 아직 많습니다. 손가락으로 셈하는 것을 막지 마세요. 발달이나 이해 정도가 조금 늦을 뿐입니다. 무작정 암산으로 풀게 하기보다는 아이의 현재를 존중하며 부모와 함께 학습하는 시간을 늘려주세요.

가장 좋은 방법은 아이와 함께 뛰어놀며 수학을 학습하는 것입니다. 실제 물건을 세어보며 덧셈과 뺄셈을 익혀보세요. 20개의 초콜릿을 아이와 나누어 먹으며 남는 개수를 구해보세요. 공을 차며 한 번, 두 번, 세 번 숫자를 세어보세요. 슛을 해서 10번 중 몇 번을 넣었는지 기록해보세요. 아이들과 뛰어놀며 수학은 재미있는 과목이라는 인식을 조금씩 심어주는 노력이 필요합니다.

번거롭더라도 아이가 푼 문제는 부모가 꼭 채점해주세요. 틀린 문제는 아이 스스로 인내심을 가지고 끝까지 풀어보는 기회를 주세요. 1학년 때부터 모르는 문제를 끝까지 풀어본 아이들은 인내심이 길러집니다. 틀린 문제를 다시 풀 때는 기존에 풀었던 문제집이나 교과서를 살펴보며 풀어도 됩니다. 부모가 자신의 자녀를 가르칠 때는 답답하고 화도 많이 나기 마련입니다. 부모의 눈높이와 아이의 성취도가 다르기 때문입니다. 우리 아이가 걸음마를 떼었다고 좋아하던 시기를 떠올리세요. 현재를 칭찬해야 합니다. 아이가 열심히 푸는 모습 자체를 칭찬해주세요.

수학 공부에 독서도 도움이 됩니다. 2019 개정 교육과정에서는 초등학교 수학이 스토리텔링으로 구성되어 있습니다. 간단히 이야기하면 "3+2=?"과 같은 문제가 아니라 "토끼 3마리와 염소 2마리가 있습니다. 동물은 모두 몇 마리일까요?"와 같이 문장 형식으로 구성되어 있습니다. 한글에 대한 이해 정도에 따라 문제를 이해하는 속도가 달라집니다. 학교에서는 선생님이 말로 모든 지문을 다 설명해주기 때문에 글을 몰라도 해결할 수 있습니다. 하지만 혼자서는 해결하지 못하는 아이들이 많습니다. 원인은 스스로 문제를 이해하는 독해력이 부족하기 때문입니다. 시중에 엄청난 양의 수학 동화가 있습니다. 그중 추천 도서 몇 가지를 알려드립니다.

추천 도서	출판사
『수와 계산』, 『크기 비교와 측정』	걸음동무
『수 세기 대장의 생일 파티』	스푼북
『동그라미 세모 네모가 모여서』	점자
『쉿! 신데렐라는 시계를 못 본대』	뭉치

☑ 주의사항

많은 부모가 선행 학습은 필수적이며, 주변 누구나 하기에 우리 아이도 최소 2~3년은 미리 선행 학습을 해야 한다고 생각합니다. 초등학교 1학년 아이들이 곱셈과 나눗셈 문제를 풀고 있거나 간혹 분수 문제를 푸는 것도 봅니다. 분수의 곱셈과 나눗셈을 하기도 하죠. 선행 학습은 꼭 해야 할까요? 부모는 선행 학습을 하면 우리 아이가 똑똑해질 거라고 확신합니다. 주변 아이들도 모두 하기 때문에 따라가기도 합니다. 선행 학습에는 여러 가지 문제가 있습니다.

첫 번째, 아이가 수학에 질려버릴 수 있습니다.

아이의 발달단계상 한 자릿수의 덧셈을 배워야 하는데 우리 아이가 이해를 잘한다고, 옆집 아이가 한다고 2학년, 3학년 수학을 배우면 아이에게 수학은 지겨운 과목이 될 수 있습니다. 지금 배우는 것도 잘 모르겠는데 계속 새로운 내용을 배우면 자신감이 떨어질 수도 있죠. 아이는 수학 공부를 12년 넘게 해야 합니다. 아이가 벌써 수학에 질려버리면 안 되겠죠?

두 번째, 아이들은 선행 학습을 해도 깊이 있게 이해하진 못합니다.
선행 학습을 한 아이들은 학교 수업을 이미 아는 것으로 판단하여 주의 깊게 듣지 않습니다. 배운 내용을 또 배우니 학교 수학 시간에 흥미가 떨어지게 됩니다. 수업 집중력이 떨어지기도 합니다. 미리 배운다고 모두 아는 것이 아닙니다. 여름에 반팔을 입고, 겨울에 두툼한 옷을 입는 것처럼 학습은 적절한 시기가 있습니다. 남들을 따라가는 선행 학습보다는 아이의 수준에 맞는 단계별 학습이 필요합니다.

마지막으로, 선행 학습은 아이를 문제 푸는 기계로 만들기도 합니다.
공식을 외워 문제도 읽지 않고 기계적으로 푸는 아이들도 있습니다. 아이들과 대화를 나누어보세요. 문장제 문제에 있는 숫자만 보고 공식을 외워서 푸는 아이들도 많습니다. 영리하게도 숫자만 추려내 공식을 만들면 답이 다 맞는다는 사실을 깨달았기 때문이죠. 수학이 아이들의 사고력을 오히려 저해하는 경우입니다. 새로운 개념에 관한 깊은 이해와 적용 없이 선행 학습으로 공식을 외우고 문제를 풀면 어떻게 될까요? 아이가 수학을 잘할 수 있을까요? 아이가 한 학년, 두 학년 앞서가지 못한다고 걱정하지 마세요. 현재 배울 내용에 대한 완벽한 이해를 토대로 하는 반복 학습이 수학에 자신감을 가진 아이를 만듭니다.

책을 많이 읽는 아이들의 어휘량은 책을 적게 읽는 아이들에 비해 월등합니다. 수업 시간에 짧은 글쓰기를 해도 책을 많이 읽는 아이들이 한 단어, 한 문장이라도 더 길게 쓰는 것을 볼 수 있습니다. 초등 시기는 어휘 습득에 최적인 시기입니다. 아이들이 초등학교 시기에 습득하는 어휘량은 전 생애에 걸쳐 가장 많은 부분을 차지합니다. 캐나다 언어학자 펜필드의 이론을 보면 아동기는 어휘 습득이 가장 왕성한 시기라고 합니다.

이때 습득한 언어를 성인이 되어서도 활용하여 토의, 토론, 일상생활에서 사용한다고 합니다. 또한 사카모토 이치로의 '아동 및 청년의 어휘량 발달표'를 보면 초등 저학년에서 급격하게 어휘량이 증가하는 것을 볼 수 있습니다. 초등학교 시기에 매년 최소 2,300개에서 6,300개의 어휘를 습득하게 됩니다.

문화체육관광부에서는 만 19세 이상 성인 6천 명과 초등학생(4~6학년), 중고등학생 3천 명을 대상으로 독서량을 조사했습니다. 연간 독서량을 살펴보면, 초등학생 67.1권, 중학생 18.5권, 고등학생 8.8권, 성인 8.3권으로

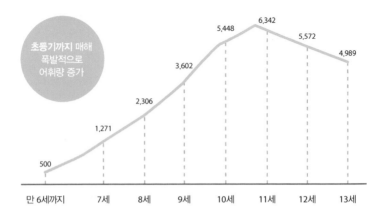

초등기까지 매해
폭발적으로
어휘량 증가

| 6,342 |
| 5,448 | 5,572 |
| | 4,989 |
| 3,602 |
| 2,306 |
| 1,271 |
| 500 |

만 6세까지　　7세　　8세　　9세　　10세　　11세　　12세　　13세

나왔습니다. 초등학생의 독서량이 압도적으로 많습니다. 하지만 이 통계도 초등학교 1~3학년은 제외했습니다. 즉 4~6학년 초등학생을 대상으로 한 조사죠. 실제 아이들은 초등학교 1~3학년에 책을 가장 많이 읽습니다. 1학년 아이들은 연간 최소 100권 이상을 읽는 것으로 추정할 수 있습니다.

많은 연구 결과에 의하면 책을 많이 읽지 않는 사람은 어려운 단어나 복잡한 문장을 이해하기 힘들다고 합니다. 인터넷 정보에 쉽게 현혹되고 주의력 결핍에 빠지거나 특정 분야에 몰입하기 어려워한다는 결과도 있습니다. 아이들은 발달단계상 여러 가지 자극에 반응하며 집중 시간이 짧습니다. 1학년은 길어야 10~15분 정도입니다. 하지만 독서를 통해 집중력과 이해력을 기를 수 있고, 다양한 활동과 독서를 통해 공부 머리를 갖게 됩니다. 참을성과 끈기가 길러지죠. 많은 연구 결과에서 초등학생 1학년 시기에 독서를 하지 않으면 태어날 때의 산만한 뇌(동물의 뇌와 유사한 형태)로 돌아간다고 합니다.

1학년 아이들은 다독하는 아이들이 많습니다. 다양한 장르의 책을 읽도록 권장해주세요. 아이들의 책 흥미는 그림책, 동화책, 고학년 동화, 에세이, 소설, 지식 도서로 향해 갑니다. 학습 만화는 별도로 항상 관심이 있는 분야죠. 보통 1~2학년은 그림책과 동화책에 흥미를 보입니다. 3학년부터 학습 만화와 고학년 동화에 흥미를 보이기 시작하며, 5학년이 되면 에세이나 소설에 관심을 보이는 아이들이 종종 있습니다. 지식 도서는 대부분 흥미를 보이지 않습니다. 책 읽기에 정답은 없습니다. 아이가 좋아하는 책을 읽으면 됩니다. 아이가 원하는 대로 부모는 방향을 제시해주고 좋은 책을 권하며 독서 환경을 제공해주는 것으로 족합니다.

주의할 점은 다독하는 아이 중 읽은 내용을 전혀 기억하지 못하는 아이도 꽤 많다는 점입니다. 아이들이 책을 다 읽고 난 뒤 주인공 이름, 기억에 남는 단어 등을 물어보고 대답하는 활동을 해보세요. 한 가지 분야의 책만 읽는 아이들에겐 비슷한 장르의 책을 추천해줌으로써 다양한 분야에 흥미를 느낄 수 있도록 도와주세요.

1학년 아이들은 책을 어떻게 생각할까요? "책을 왜 읽어요?"라는 질문에 "책이 재미있고 신기해서 좋아해요."라고 대답합니다. 책 속에는 경험하지 못한 새로운 내용이 담겨있기 때문입니다. 아이들에게 가장 중요한 가치는 '재미'와 '새로움'입니다. 아이가 책 읽는 기쁨을 깨닫고 책과 함께 생활하는 것의 중요성을 몸으로 체득할 수 있다면 어떨까요?

① 책 읽어주기

책 읽기의 기본은 부모의 책 읽어주기 활동입니다. 퇴근 후 지친 몸을 이끌고 아이에게 책을 읽어주는 활동이 어렵다면 아이가 잠들기 전 책을 읽어주세요. 아이가 눈을 초롱초롱 빛내며 기다리고 있을 겁니다. 아이가 잠들기 전 책을 읽어주는 것은 아이의 심리적 안정과 깊은 잠에 도움이 됩니다. 책을 읽어주면 아이는 눈을 감고 다양한 상상을 하며 잠이 듭니다. 아이의 창의성과 두뇌 계발에도 도움이 된다고 하니 '잠들기 전 5분 책 읽기'를 실천해보세요.

아이들은 태어난 후 청각이 가장 먼저 발달합니다. 주변의 소리를 듣고 반응하죠. 다양한 소리에 익숙해지면 자신의 의사를 말로 표현하고 언어도 학습하게 됩니다. 책 읽어주기의 효과는 모두 아는 사실입니다. 책 읽기는 따뜻함, 편안함, 좋은 이야기, 상호작용, 심리적 안정, 공감 등 여러 가지 교육적 효과를 가져옵니다.

매체(유튜브, 오디오북 등)를 활용한 책 읽기를 권장하지는 않지만, 고전 동화를 들려줄 때 적합합니다. 어릴 때부터 매체를 많이 접한 아이들은 기계음에 익숙해집니다. 스마트폰이나 유튜브에 더 쉽게 접근하게 된다고 합니다. 만약 부모가 책을 읽어주기 힘들다면, 부모가 아이에게 책 읽어주는 내용을 녹음해보면 어떨까요? 매체를 활용하는 편리성과 부모 목소리의 장점이 융합된 방법입니다. 물론 아이들은 어린 시절부터 들었던 부모의 목소리에서 안정감을 얻습니다. 무엇보다도 직접 읽어주는 게 좋겠죠?

소리 내어 읽기는 아이가 문장의 구조를 쉽게 파악하는 데 도움이 됩니다. 옆에서 들어보면 아이가 어려워하는 문장을 바로 알 수 있죠. 내용을 이해하는 것도 도와줍니다. 또한 아이가 평소에 집에서 소리 내어 읽는 연습을 많이 하면 학교에서 책 읽기를 하거나 발표하는 데 큰 도움이 됩니다. 집에서 아이가 큰 소리로 또박또박 실감 나게 읽을 기회를 많이 주세요.

날마다 정해진 시간에 소리 내어 책을 읽는 것은 아이들의 집중력을 향상시키고 독서 흥미를 유발하는 데 도움이 됩니다. 아이가 책을 잘 읽지 못한다면 부모가 먼저 읽고 아이가 따라 읽어보세요. 한 문장씩 번갈아 읽으면서 유대감을 나누는 것도 좋은 방법입니다. 아이가 글을 유창하게 못 읽는다고 지나치게 글자를 강조하면 독서에 대한 흥미가 떨어집니다.

아이들은 정확한 단어를 읽지 못하거나 의미별로 끊어 읽기를 어려워합니다. 즉각적인 피드백은 아이의 책 읽기에 대한 자신감을 감소시킵니다. 잘못된 부분을 바로 지적하기보다는 아이가 책을 다 읽은 후 부모님이 해당 부분을 읽고 아이가 따라 읽도록 해보세요. 천천히 읽어도 좋으니 아이가 또박또박 한 글자씩 읽을 수 있도록 격려해주세요. 등장인물이나 긴장감이 고조되는 부분을 강조해서 읽는다면 감정 이입도 할 수 있습니다.

아이가 부모에게 소리 내어 책을 읽어주는 것은 책을 일방적으로 읽어주는 관계에서 서로 읽어주는 관계로 확장해줍니다. 아이가 읽는 책을 부모가 즐겁게 들어주고, 궁금한 점을 서로 주고받는 활동을 통해 심리적 안정감을 얻을 수 있습니다. 한 권을 끝까지 다 읽으면 적절한 보상을 해주세요. 아이들은 부모에게 책을 읽어주기 위해 먼저 다양한 책을 읽고 기다리고 있을지도 모릅니다. 명절 때 모인 일가친척 앞에서 큰 소리로 읽는다면 자신감이 더 커질 수 있겠죠?

아이가 책을 읽을 때 궁금한 점이 생각나면 언제든 질문해도 되며, 다시 돌아가서 읽을 수 있다고 알려주세요. 아이가 읽어주는 책에서 궁금한 내용이 있으면 부모도 질문해보세요. "어떤 물고기야?" "강아지가 어떤 행동을 했어?"와 같은 질문을 통해 아이가 읽은 내용을 되새길 기회를 제공해보세요. 되도록 책에서 찾아볼 수 있는 질문이 좋습니다.

③ 아이만의 도서관 만들기

아이가 성장하는 데 유전과 환경은 모두 많은 영향을 미칩니다. 시대의 연구 결과에 따라 유전이 더 중요하다는 결과와 환경이 더 중요하다는 결과가 뒤바뀝니다. 종합적인 과학적 결론은 떨어지지 않는 수준의 유전과 적절한 환경이 있다면 아이가 능력을 펼칠 수 있다고 합니다. 책을 좋아하는 능력은 유전보다는 환경의 영향을 많이 받는다고 합니다. 어렸을 때부터 자연스럽게 책과 접한 아이들은 책을 읽고 소통하기를 좋아합니다. 거실 혹은 방 한편에 위치한 아이만의 도서관은 아이의 독서 흥미를 유발하기 위한 최적의 장소입니다.

집안에서 독서 환경을 조성해보세요. 아이가 좋아하는 책과 부모님이 골라준 책을 골라 책꽂이에 꽂아두거나 거실 한쪽에 "○○이의 도서관"이라고 꾸민 나만의 공간을 만들어보세요. 아이가 독서를 하고 독후 활동으로 만든 여러 가지 작품도 그 공간을 함께 차지한다면 어떨까요? 책꽂이 2개가 있다면 한쪽에는 이미 읽은 책, 다른 쪽에는 아직 읽지 않은 책으로 분류해보세요. 벽이나 바닥을 아이와 함께 그리고 색칠하며 채워보세요. 책을 크기대로 꽂을지, ㄱㄴㄷ 순서대로 꽂을지, 장르별로 꽂을지 이야기해보세요. 마지막으로 완성된 도서관 간판을 잘 보이는 곳에 붙여주시면 됩니다.

도서관이 완성되었습니다. 미니 도서관 사용 규칙을 아이와 함께 정해보세요. 일주일에 1~2회 정도 날짜를 정해 사용해보세요. 시간은 부모님과 함께 있는 시간 중 30분을 선택해 운영합니다. 도서 대출 카드를 쓸지, 아이에게 책을 읽어줄 때 미니 도서관에서 읽어줄지, 도서관에서 책 표지를 따라 그릴지 정해보세요. 하루에 몇 번 도서관을 사용할지, 사용료는 있는지 등 다양한 이야기를 아이와 나눠보세요. 도서관 활동을 통해 아이가 직접 도서관을 운영하는 간접 경험을 하면 책과 친해지는 데 도움이 됩니다.

④ 한 문장씩 번갈아 읽기

아이와 책을 읽을 때 한 문장씩 번갈아서 읽어보세요. 부모와 번갈아서 한 문장씩 읽을 때 아이를 바라보세요. 자신의 차례에 읽기 위해서 책에서 눈을 떼지 않을 겁니다. 혹시나 깜빡하면 서로 알려주세요. 재미있는 벌칙을 만들어도 좋습니다. 한 문장씩 번갈아 읽다 보면 자연스럽게 책을 통해 대화하는 연습이 됩니다. 대화는 토의로 확장됩니다. 서로 한 문장씩 이야기하며 질문과 대답을 반복합니다. 아이들은 어떤 주제로 토론하는 것을 부담스러워합니다. 책을 통해 토의하는 것은 말하기의 부담감을 줄여줍니다.

책을 읽고 나누는 이야기는 '책'이라는 명확한 대상이 있으므로 더 쉽게 자신의 입장에서 의견을 말할 수 있습니다.

⑤ 학교에 읽을 책 가지고 다니기

학교에는 아이들 독서 시간이 있습니다. 학급에 비치된 도서를 읽을 수도 있지만, 아이가 직접 책을 가지고 가서 친구에게 빌려준다면 친구와 책으로 대화할 수 있습니다. 책 소개, 느낀 점, 기억에 남는 주인공 등 눈높이에 맞춘 대화가 이어집니다. 매일 학교에 책을 가지고 가서 친구들에게 빌려준다면 독서 흥미도 높아집니다. 책 속 주인공의 말과 행동을 따라 하면서 장난을 치는 모습에서 자신의 생각과 느낌도 표현하는 능력을 기를 수 있습니다. 자신이 읽은 책의 내용을 친구들에게 소개하고, 친구가 나와 같은 책을 읽는 데서 뿌듯함을 느낍니다. 집에 재미있게 읽은 책이 있다면 학교에 가서 다른 친구에게 책을 빌려주세요. 가방에 재미있는 책 1~2권은 꼭 챙겨서 보내주세요.

1학년은 본격적인 글쓰기 시작 전 준비 단계입니다. 단어를 함께 배우며 어휘력을 키우고 표현의 즐거움을 느끼는 활동을 많이 합니다. 동화책과 더불어 동시를 함께 읽어보세요. 동시를 많이 읽으면 아이들의 표현력이 눈에 띄게 좋아집니다. 동시를 읽고 따라 하다 보면 자연스레 의성어, 의태어와 가까워지고 글쓰기에 흥미를 보입니다. 글쓰기보다는 책 읽기에 집중하며 올바르게 한글을 배워야 합니다. 바른 자세와 올바른 획순은 아이의 글쓰기 태도 형성에 중요한 역할을 합니다. 바른 자세에 바른 정신이 깃든다고 합니다. 바른 자세와 연필 잡기를 통해 기초를 튼튼하게 해주세요.

교육과정상 1학년 입학 후 글자를 처음 가르치지만, 대부분의 아이는 한글을 배우고 입학합니다. 미리 가르칠 필요는 없지만 학교에서 배운 내용으로 한글을 모두 익힐 수는 없습니다. 공교육의 한계일까요? 아닙니다. 학교에서 배우고 따로 공부하지는 않는다면, 배운 내용을 모두 기억할까요? 가르치는 곳은 학교이지만 공부하는 학생은 아이입니다. 복습을 하지 않으면 배운 내용을 모두 잊어버리기 쉽습니다. 학교는 지식과 공부하는 법을 가르치는 곳입니다. 복습은 아이와 부모의 몫입니다. 꾸준한 연습을 통해 한글을 습득하고 바른 글씨를 쓰도록 많은 시간을 투자해보세요. 1학년 1학기 마치기 전에는 어느 정도 한글을 습득해야 원만한 학교생활에 도움이 됩니다.

① 바른 자세로 글씨 쓰기

바른 글씨 쓰기는 어릴 때부터 체계적인 훈련이 필요합니다. 어렸을 때부터 바른 자세와 더불어 연필 잡는 법에 대한 교육, 네모 칸에 글씨를 올바르게 적는 법 등 글씨를 바르게 쓰는 연습이 필요합니다. 세 살 버릇이 여든까지 갑니다. 올바른 글씨 쓰기로 글쓰기의 첫 단추를 올바르게 끼워보세요.

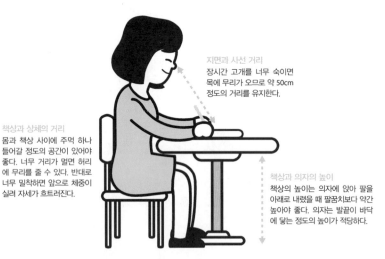

지면과 사선 거리
장시간 고개를 너무 숙이면 목에 무리가 오므로 약 50cm 정도의 거리를 유지한다.

책상과 상체의 거리
몸과 책상 사이에 주먹 하나 들어갈 정도의 공간이 있어야 좋다. 너무 거리가 멀면 허리에 무리를 줄 수 있다. 반대로 너무 밀착하면 앞으로 체중이 실려 자세가 흐트러진다.

책상과 의자의 높이
책상의 높이는 의자에 앉아 팔을 아래로 내렸을 때 팔꿈치보다 약간 높아야 좋다. 의자는 발끝이 바닥에 닿는 정도의 높이가 적당하다.

책상에서 필기 시 올바른 자세

- ☑ 필기에 집중할 수 있도록 책상은 항상 깨끗이 정리한다.
- ☑ 먼저 노트, 연필, 지우개 등 필기도구를 준비한다.
- ☑ 의자 끝까지 엉덩이가 들어가도록 깊숙이 당겨 앉는다.
- ☑ 어깨와 허리를 곧게 편 자세로 앉는다.
- ☑ 턱을 안으로 약간 당기고 시선을 아래로 향한다.

바른 글쓰기는 바른 자세부터 시작합니다. 수업 시간에 집중하는 아이들은 태도부터 바람직합니다. 엉덩이를 의자 끝에 붙이고 등을 곧게 편 상태로 선생님을 바라봅니다. 두 손은 모두 책상 위에 가지런히 올려놓습니다. 배울 책은 미리 책상에 가지런히 놓여있습니다. 글씨를 쓸 때 한 손은 연필을 잡고 다른 한 손은 책을 고정합니다. 책의 각도는 시선과 반듯하게 유지합니다. 집중력이 부족한 아이는 구부정한 자세와 더불어 몸을 가만히 있지 못합니다. 손은 항상 무언가를 만지작거리고 주변을 두리번거립니다. 수업 시간이 흐르면 주변 아이들도 건드리게 됩니다. 따라서 가정에서 아이와 함께 바른 자세를 일정 시간 이상 유지하도록 꼭 연습해보세요.

간혹 연필을 앞뒤로 모두 깎아서 쓰는 아이들이 있습니다. 아이들의 안전을 위해 연필은 한쪽만 깎아서 쓰게 해주세요. 아이들이 연필로 장난을 치다가 상처가 나는 경우도 종종 있습니다. 샤프와 볼펜은 아이가 글쓰기가 어느 정도 익숙해진 후 사용합니다. 샤프는 심이 가늘어 아이들이 글씨를 크게 쓰기 힘들며, 연필보다 마찰력이 적어 올바른 글씨체를 익히는 데 도움이 되지 않습니다. 일반적으로 남자아이들은 초등학교 기간 내내, 여자아이들은 4~5학년까지 연필을 사용하는 것이 바른 글씨에 도움이 됩니다. 1학년 아이들은 HB보다는 B나 2B 연필을 사용하면 글씨가 또렷하게 잘 보입니다.

글쓰기의 또 하나의 시작은 바른 연필 잡는 법(집필법)에 있습니다. 엄지와 검지로 연필의 3~4cm 정도 되는 곳을 가볍게 쥡니다. 연필의 아랫부분을 중지의 첫 번째 마디에 올려줍니다. 주먹은 꽉 쥐지 않고 달걀이 하나

들어갈 정도로 가볍게 줍니다. 연필을 쥔 손의 새끼손가락을 책상 위에 가볍게 대고 글씨를 씁니다. 아이들은 아직 손가락 근육이 완전히 발달하지 않아 연필을 쥐는 게 쉽지 않습니다. 꾸준한 연습으로 손가락 근육이 발달하도록 해주세요. 손가락은 뇌의 기능을 활발히 하는 데도 도움을 줍니다. 최근에는 연필 보조기도 판매하고 있으니 활용해보세요.

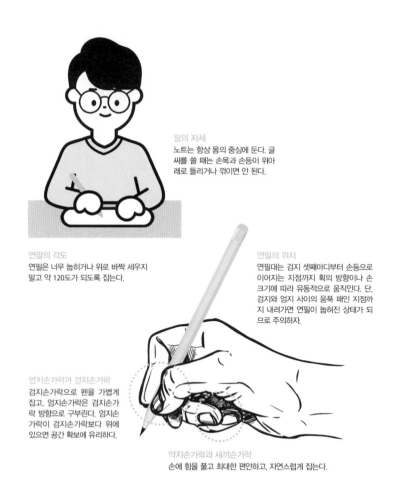

팔의 자세
노트는 항상 몸의 중심에 둔다. 글씨를 쓸 때는 손목과 손등이 위아래로 들리거나 꺾이면 안 된다.

연필의 각도
연필은 너무 눕히거나 위로 바짝 세우지 말고 약 120도가 되도록 잡는다.

연필의 위치
연필대는 검지 셋째마디부터 손등으로 이어지는 지점까지 획의 방향이나 손 크기에 따라 유동적으로 움직인다. 단, 검지와 엄지 사이의 움푹 패인 지점까지 내려가면 연필이 눕혀진 상태가 되므로 주의하자.

엄지손가락과 검지손가락
검지손가락으로 펜을 가볍게 잡고, 엄지손가락은 검지손가락 방향으로 구부린다. 엄지손가락이 검지손가락보다 위에 있으면 공간 확보에 유리하다.

약지손가락과 새끼손가락
손에 힘을 풀고 최대한 편안하고, 자연스럽게 잡는다.

인디애나대학 카린 할만 제임스 교수는 연구를 통해 글자를 읽은 아이에 비해 손으로 따라 쓰는 아이의 뇌 활동이 훨씬 활성화됨을 밝혔습니다. 아이와 함께 글씨 쓰는 연습을 자주 해보세요. 초등학교 1학년은 전두엽 기능이 활성화되는 시기이므로 더 많은 글쓰기를 통해 뇌에 자극을 주는 것이 필요합니다.

② 획순대로 써야 하는 이유

한글은 자음자와 모음자 모두 써야 하는 순서(획순)가 있습니다. 흔히 잘못 알고 있는 대표적인 획순 두 가지는 ㅂ과 ㅌ입니다. 아래 그림에서 쓰는 순서를 확인해보세요. 아이가 정해진 규칙대로 글씨를 써 보면 정자체를 익히는 데 도움이 됩니다. 한글의 획순은 많은 학자의 연구 끝에 자음자와 모음자를 쓰는 순서가 정해졌습니다. 따라서 아이들이 글씨를 순서대로 써보며 바른 글자 연습과 더불어 정해진 규칙을 지키는 연습도 자연스럽게 할 수 있습니다. 조선 시대 성균관에서는 글을 다 함께 소리 내어 읽는 음독과 더불어 글자를 획순에 맞추어 한 글자씩 정성스럽게 쓰는 시간을 가졌습니다. 글자 하나에도 정성을 다함으로써 몸과 마음가짐을 바르게 하도록 한 것입니다.

초등학교 1학년 교육과정에서 한글 자음자와 모음자의 획순을 지도합니다. 글자를 처음 배우는 아이들은 문자라기보다는 하나의 그림으로서 글씨를 씁니다. 따라서 획순을 지키거나 정확한 글자를 쓰기 어렵습니다. 처음부터 다그치기보다는 반복 연습을 통해 자연스럽게 글씨를 쓰면서 획순을 익혀보세요. 획순은 화이트보드 왼편에 아빠가 쓰고 오른편에 아이가

따라 쓰는 연습을 통해 익힐 수 있습니다. 혹은 함께 따라 쓰기를 해보며
단어를 써보는 연습도 해보세요.

따라 쓰기

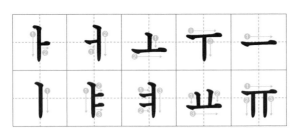

따라 쓰기

대체로 글씨 쓰기를 귀찮아하거나 흘겨 쓰는 아이들은 학습에 큰 관심이 없거나 산만한 경우가 많습니다. 집중력도 많이 필요하고 손가락에 힘주어 쓰기도 쉬운 일이 아닙니다. 더구나 옆에서 부모님이 보고 있으면 부담감도 더 크죠. 배운 내용을 복습하고 정리하기 위해 글쓰기를 활용합니다. 하지만 글씨 쓰기를 싫어하는 아이들에게는 소용없습니다. 글씨 쓰기를 일종의 놀이로 접근해보세요. 8칸 공책에 자음자와 모음자를 부모님과 함께 써보세요. 다양하게 소리 내어 읽고 자음자로 시작되는 동물 이름도 말해보며 아이의 흥미를 유발해보세요. 『숨은 한글 찾기』나 『재미있고 빠른 한글』등 책의 도움을 받아보는 것도 도움이 됩니다.

아이들이 자라면 글씨를 잘 쓰는 아이와 그렇지 않은 아이의 학업 성취도가 조금씩 벌어지기 시작합니다. 아이들의 교과서를 한번 살펴보세요. 비어있는 곳은 없는지 글씨를 못 알아보게 쓴 부분은 없는지 확인해보세요. 수업에 큰 흥미가 없다면 글씨를 흘려 쓰기도 합니다. 해당하는 내용이 있다면 아이와 한 글자씩 또박또박 글씨 쓰는 연습을 해야 합니다. 교실에서 교과서나 공책을 검사할 때 아이의 글씨를 못 알아보면 다시 쓰는 기회를 줍니다. 그러면 아이들은 알아볼 수 있는 글씨로 다시 써옵니다. 글씨도 마음가짐과 태도에 달려있습니다. 흘려 쓰는 습관이 들면 학습에 대한 마음과 정성이 자라나지 못합니다. 글씨를 잘 쓴다고 공부를 잘하는 건 아니지만, 공부를 잘하는 사람은 대부분 글씨를 잘 씁니다.

1학년 입학하기 전부터 억지로 글쓰기를 강요하는 것은 좋지 않습니다. 핀

란드 등 여러 선진국에서는 초등학교 입학 전 모국어의 알파벳을 지도하는 것을 법으로 금지하고 있습니다. 대신 체험을 하거나 뛰어놀고, 그림책을 보며 생활합니다. 입학해서도 아이들에게 글쓰기를 지도하는 것은 인위적이지 않은 체험과 활동을 통해 자연스럽게 진행됩니다. 한국은 입학 전부터 한글을 가정에서 반복 학습하며 가르칩니다. 1학년 아이들은 세상을 자신의 눈과 입으로 표현해야 하는 나이입니다. 입학 후 글씨를 배워도 늦지 않습니다. 세상을 바라보던 아이들의 호기심도 글이라는 제한된 방법으로 표현하게 한다면 막혀버릴 수 있습니다. 아이들이 지금 한글을 못 쓴다고 크게 걱정하지 마세요. 억지로 한글을 배운 아이보다 다양한 체험을 통해 자연스럽게 한글을 배운 아이들이 더 의미 있게 한글을 습득하게 됩니다.

아이들은 뛰어놀면서 많은 것을 배웁니다. 규칙을 정하고 지키는 법, 친구들과 대화하는 법, 이견을 조율하는 법, 술래에게 잡히지 않는 법 등 여러 가지를 생각하며 놀이를 합니다. 이때 아이들은 술래가 되면 친구들을 어떻게 잡을 수 있을지 머릿속으로 많은 생각을 합니다. 그때그때 수정된 전략으로 친구들을 잡기도 합니다.

아직 자기중심적 성향을 벗어나지 못한 아이들은 올바르게 노는 법을 알지 못합니다. 규칙을 지키지 않고 자신의 주장만 하다 보면 자연스럽게 친구들과 멀어지게 됩니다. 아이들은 학교에 다니면서 사회성을 기르기 시작합니다. 아이에게 규칙을 지키는 것의 중요성을 설명해주세요. 아이들은 규칙을 지키지 않는 아이를 싫어하고 배척하려고 합니다. 규칙을 지키지 않는 아이들은 사회성과 배려심이 부족합니다. 의견 갈등이나 대립이 나타납니다. 대화가 잘 통하지 않을 때 주먹으로 행동을 표현하는 아이도 눈에 띕니다. 친구들과 부드럽게 대화하고 상대방의 의견을 존중하는 태도를 지닐 수 있게 해야 합니다.

· · · · · · · · · · · ·

사회성은 다양한 놀이 활동을 하며 자연스럽게 생겨나는 것이지만, 아이가 친구들과 잘 어울리지 못한다는 판단이 들면 사회성을 적극적으로 길러주는 노력도 필요합니다. 부모가 아이와 함께 놀이 활동을 하며 규칙을 꼭 지켜야 한다고 이야기해주세요. 떼쓴다고 봐주거나 규칙을 어기는 아이를 이해해주면 안 됩니다. 친구들과의 관계에서 어려움을 겪을 수도 있어요. 무작정 우기기보다는 자신의 의견에 올바르게 전달하고 친구들의 의견에 귀 기울이는 것이 친구들과 함께 노는 방법임을 꼭 말해주세요.

발표를 잘하려면 어떻게 해야 하나요?

모든 부모의 기본적인 바람은 우리 아이가 수업 시간에 발표 잘하기, 열심히 참여하기입니다. 학교에서는 1년에 1번씩 학부모 공개 수업을 합니다. 부모들은 교실에 와서 자신의 아이가 발표는 얼마나 하는지, 집중하고 있는지, 선생님과 의사소통이 원활한지 등 여러 가지를 봅니다. 여러 부모가 와있는데 우리 아이가 큰 소리로 똑똑하게 발표하면 나도 모르게 으쓱해질 것입니다. 발표를 잘하는 아이들은 기본적으로 선생님의 말씀을 잘 듣고 이해했으며, 수업에 열심히 참여하고 있다고 여겨집니다. 기본적으로 요즘 수업의 큰 흐름 세 가지는 교사의 질문과 대답, 아이들끼리의 질문과 대답, 모둠별 문제 해결입니다. 이 중 학부모 공개 수업은 특히 교사의 질문과 대답이 주를 이루는 수업입니다.

우리 아이가 발표를 잘하지 못한다면 어떨까요? 초등학교 시기의 발표 자신감은 추후 중고등학교와 대학교, 성인이 되어서의 발표에도 영향을 미칠 수 있습니다. 따라서 초등학교 시기에 자신감 있게 발표하는 연습이 꼭 필요합니다. 발표를 잘하는 아이들은 대부분 학업 성취도도 높습니다. 수업 시간에 집중하고 있기 때문이죠. 간혹 우리 아이보다는 '똑똑한 남의 아이'를 유심히 보는 부모도 있습니다. 우리 아이가 답답하게 보일 수도 있습니다. 실제로 집에 가서 혼나는 아이들도 종종 있습니다. 하지만 다른 아이보다는 내 아이에 관심을 가지고 지켜봐 주세요. 속도는 다르지만 올바른 방향이면 결국 목표에 도달할 수 있습니다.

발표를 잘하는 아이를 만들기 위해 집에서는 어떻게 해야 할까요?

첫 번째, 책을 소리 내어 읽는 연습을 많이 시켜주세요.
책을 혼자서 소리 내어 읽거나 부모에게 책을 읽어주는 연습을 해보세요. 이때 계속 아이를 칭찬하고 격려해주세요. 아이가 혼자 읽기를 부담스러워한다면 한 페이지씩 부모와 아이가 번갈아 읽으면 효과가 좋습니다.

두 번째, 밥상머리 교육 실천하기입니다.
훌륭한 위인들은 모두 밥상머리 교육을 받으며 자랐거나 본인의 집에서 실천하고 있다고 합니다. 발표를 잘하는 아이들은 정서가 안정적이고 자신감이 있다는 공통점에 주목할 필요가 있습니다. 부모님과 관계가 좋은 아이들이 발표를 잘하죠. 가족끼리 함께 준비하고 함께 식사하는 자리를 마련해보면 어떨까요? 특히 가족이 함께 식사할 때 규칙을 정하는 것이 필요합니다.

예를 들어 식사를 먼저 마쳤다고 자리를 떠나지 않기, 서로를 비난하지 않기, 정치나 연예 이야기는 하지 않기, 배려하는 대화하기 등 가족이 함께 규칙을 정해보세요. 만약 같이 식사를 하며 "숙제는 다 했니?" "요즘 왜 그렇게 게임을 많이 하니?"라는 대화가 주를 이룬다면 가족들의 식사 시간이 행복하지 않겠죠? 식사 시간을 서로 공감하고 경청하는 시간으로 만들어보세요. 유대인들의 밥상머리 규칙은 절대 식사 시간에 혼을 내지 않는 것이라고 합니다. 지금 바로 실천해본다면 아이의 자신감을 기르는 데 도움이 되지 않을까요?

밥상머리 교육은 아이들이 가장 기본적인 예절을 배울 수 있는 방법입니다. 특히 기본적인 식사예절을 통해 규칙 준수, 배려, 절제, 예의 등 여러 가지 요소를 익히는 훈련이 자연스럽게 된다고 합니다. 또한 밥상머리 교육은 아이들이 함께 부모와 식사하며 어휘력을 높일 수 있는 시간입니다. 바빠지는 현대 사회에서 아이들과 함께 대화를 나눌 시간이 부족합니다. 밥상머리 교육을 통해 자연스럽게 주고받는 대화는 아이의 어휘력 발달 및 교우 관계, 정서적 안정감 등 향상시키는 여러 가지 효과가 있다고 합니다. 다음 밥상머리 교육의 열 가지 법칙을 지키며 생활해보세요.

---

1 일주일에 2번 이상 '가족 식사의 날'을 가진다.

2 정해진 장소에서 정해진 시간에 함께 모여 식사한다.

3 가족이 함께 식사를 준비하고, 함께 먹고, 함께 정리한다.

4 식사 중에는 TV를 끄고, 스마트폰은 사용하지 않는다.

5 대화하면서 천천히 먹는다.

6 하루 일과를 서로 나눈다.

7 "어떻게 하면 좋을까?" 식의 열린 질문을 던진다.

출처: 교육부

컬럼비아대학교 CASA 연수 결과에 따르면, 청소년 1,200여 명을 대상으로 한 연구에서 가족이 함께 식사하는 아이들이 그렇지 않은 아이들보다 A학점이 받은 비율이 2배 정도 높았다고 합니다. 또한 청소년 흡연율은 4배나 차이를 보였고, 음주도 2배가량 차이를 보였다고 합니다. 부모님과 함께 식사를 하면 음식을 더 골고루 먹을 수 있습니다. 학원 때문에 인스턴트를 많이 먹는 아이들은 비만이나 성인병의 위험도 있다고 합니다. 밥상머리 교육을 꼭 실천해야 하는 또 하나의 이유겠죠?

초등학교 2학년,
단체 생활에 익숙해지다

아이들은 적응력이 빠릅니다. 빠른 속도로 학교생활과 단체 생활에 적응합니다. 아이들과 어울리며 규칙을 지키는 것의 중요성, 모둠 활동의 익숙함, 학교 규칙 및 예절 등을 금방 습득하기 때문이죠. 이제 2학년이 된 아이들은 학교가 익숙합니다. 다소 긴장되었던 아이들도 가정에서의 모습이 다시 나옵니다. 하지만 다른 아이들의 마음을 이해하는 데는 아직 어려움을 겪습니다. 학습에 관심 있는 아이들은 한 문제라도 틀리는 것에 대해 많이 아쉬워합니다. 남들보다 뛰어난 능력을 지니고 싶어 하고 주목받는 것도 좋아합니다.

2학년 아이들은 충분한 독서 시간이 필수입니다. 초등학교 학급 독서 시간에 10분 이상 올바르게 책을 읽는 아이들은 대부분 학습 태도가 좋고 이해력도 빠릅니다. 반대로 책에 집중하지 못하는 아이들은 산만하고 주변 정리를 하지 못합니다. 식사 습관, 인사 등 기본적인 예절과 습관을 습득하지 않은 아이들도 많습니다. 이런 아이들은 아쉽게도 친구들과 선생님에게 좋은 이미지를 얻지 못합니다. 친구들로부터 좋은 이미지를 얻지 못한 아이들은 자극적인 행동으로 관심을 유발하기도 합니다.

2학년 아이들은 국어, 수학을 제외하면 특별히 공부할 내용이 없습니다. 직접 몸으로 체험하고 활동하는 내용이 주가 되기 때문입니다. 따라서 부모와 아이가 함께하는 책 읽기 시간을 가져보세요. 시간 될 때마다 아이와 함께 도서관에 가보세요. 부모가 읽어주고 싶은 책 한 권, 아이가 읽고 싶은 책 한 권, 부모와 아이가 상의해서 고른 책 한 권을 정해보세요. 집에 가서 세 권의 책을 아이와 함께 서로 읽어주는 시간을 가져보세요. 책을 읽으며 자연스럽게 다양한 이야기를 나눌 수 있고 아이의 생각도 들어볼 수 있습니다. 일주일에 최소 1~2번은 아이와 함께 책 읽는 시간을 가져보세요.

간혹 부모들은 아이가 스스로 책을 읽을 수 있는데 왜 읽어주는 것을 강조하는지 궁금해합니다. 해답은 부모와 함께 무언가를 하고 싶은 욕구가 아이들에게 있기 때문입니다. 물론 아이들은 스스로 책을 읽을 수 있습니다. 하지만 부모와 함께 책 읽는 활동을 통해 부모의 사랑을 느낄 수 있죠. 독서의 장점은 모든 부모가 알고 있습니다. 부모와 함께 하는 독서는 책 읽기를 '부모와 함께하는 따뜻하고 즐거운 활동'으로 만듭니다. 자연스럽게 책을 좋아하는 아이가 되지 않을까요?

☑ 왜 해야 하나요?

자식은 부모의 거울입니다. 아이는 부모의 말투, 행동, 사고방식 등 사소한 것 하나까지 그대로 보고 배웁니다. 부모도 함께 독서를 해야 하는 이유입니다. 부모와 함께 책 읽는 아이들은 친구들과의 규칙도 잘 지키고 학교

생활을 잘하죠. 가정에서 함께 시간을 정해 아이와 함께 독서를 해보세요. 독서를 하면 독해력이 길러집니다. 독해력은 아이들이 학교에서 학습하는 데 중요한 역할을 합니다. 책을 많이 읽지 않은 아이들은 교과서에 있는 많은 글씨에 압도당하여 글씨를 해독하는 데 시간을 많이 보냅니다. 독서를 통해 아이들이 글씨와 친해질 수 있습니다.

☑ 어떻게 해야 하나요?

아이와 함께 독서하는 시간을 충분히 가져보세요. 아이 스스로 책을 한 권 읽고, 부모님이 책 한 권을 읽어주세요. 아이가 부모님께 책을 읽어주는 활동도 좋아요. 오늘부터라도 아이가 즐겁게 읽을 수 있는 책 한 권씩 읽어주세요. 함께 읽어도 좋아요. 아이들은 책을 읽다 보면 모르는 내용을 그때그때 질문할 때가 많습니다. 바로 설명해주는 것도 좋은 방법이지만 아이에게 다음과 같이 말해보세요. 별것 아닌 듯한 이 한마디가 아이의 독서 습관에 도움이 된답니다.

> "책을 끝까지 다 읽고 나면 알게 될 텐데, 계속 읽어 볼까?"
> "비슷한 단어로는 ○○가 있어."
> "문장을 읽어보면 그 단어가 무슨 뜻일 것 같아?"

☑ 실천해봅시다!

책 읽는 습관을 형성하는 데 가장 중요한 기본은 '함께'입니다. 부모가 집안일의 역할 분담을 하듯 아이와 책 읽는 역할을 정해보세요. 요일별로 정하거나 시간별로 나누어 맡은 역할을 수행해보세요. 아빠가 책을 읽어준다면 엄마가 집안일을 하고, 엄마가 책을 읽어준다면 아빠가 집안일을 분담해서 할 수 있습니다.

구분	월	화	수	목	금	토	일
역할	엄마	아빠	엄마	아빠	엄마	아빠	함께
활동	책 읽으며 대화하기	밑줄 치며 읽기	번갈아 읽기	읽은 책 또 읽기	상상하며 읽기	읽은 책 표현하기	도서관 독서 신문

아이와 함께하는 독서 시간은 매일 최소 10분, 최대 30분 정도면 적당합니다. 평균적으로 20분 이상 읽어보세요. 적은 시간이라도 매일 부모와 함께 독서를 한 아이는 집중력과 이해력이 몰라보게 높아집니다. 저학년 아이들의 어휘와 부모의 어휘력은 차이가 크게 납니다. 성인의 어휘력과 아이의 어휘력에는 큰 차이가 있습니다.

학교 선생님도 초등 수준의 어휘로 수업을 하기 위해 노력하지만, 결국 선생님도 어른입니다. 수업, 상담에서 은연중에 어른의 어휘를 많이 사용하게 됩니다. 부모와 대화가 많은 아이는 높아진 어휘력으로 자연스레 학교 선생님의 이야기도 쉽게 이해하고 교류도 활발하게 됩니다.

반에 상훈이라는 아이가 있었습니다. 평소 모범생이고 교우 관계도 좋고 수업 시간에도 항상 즐겁게 활동하는 아이입니다. 다만, 수업 시간에 학습지를 하거나 퀴즈를 풀면 지나치게 긴장합니다. 항상 집에 시험지를 보내냐고 물어봅니다. "왜 그렇게 긴장을 하니?"라는 질문에 상훈이는 "틀리면 엄마한테 혼나요."라고 대답했습니다. 교실에서 흔히 볼 수 있는 풍경입니다. 여기서 두 가지 큰 걱정거리를 찾아볼 수 있습니다.

첫 번째, 아이가 학습을 혼나지 않기 위한 도구로 생각할 수 있다는 점입니다.
공부의 재미보다는 백 점을 맞아 상을 받거나 벌을 회피하기 위한 수단으로 전락하게 되죠. 공부의 재미를 저절로 잃어버리는 하나의 방법입니다. 결과를 보고 아이를 토닥이기보다는 평소에 책 읽는 모습, 자신의 의견을 적극적으로 표현할 때 더 많은 칭찬을 해주세요. 결과에 대해서는 다소 무덤덤하게 반응하는 것도 좋은 방법입니다.

두 번째, 부모와의 관계가 틀어질 수도 있다는 점입니다.

혹시 지나치게 무서운 부모 밑에서 자란 아이들은 언어 능력 발달이 떨어진다는 사실을 알고 계시나요? 친구처럼 편한 부모 밑에서 자란 아이들은 부모와 함께 놀고 책 읽고 대화하며 자연스럽게 언어 지능이 놀랍도록 발달한다고 합니다. 하지만 무서운 부모 밑에서 자란 아이들은 말할 때 항상 조심스럽고, 부모가 시키면 해야 하고, 자신의 의견을 적극적으로 말하지 못하는 경향이 있습니다. 이와 같은 특징은 학급에서 두드러지게 드러납니다. 학습은 곧잘 하지만 발표 능력이 지나치게 떨어지는 아이들이 있습니다. 이런 아이들과 대화를 나누어보면 부모와의 관계가 원만하지 않은 아이들이 많습니다.

부모와의 관계는 모든 학습의 기본 바탕입니다. 아이와 함께 지내는 시간이 많을수록 아이는 심리적 안정감을 얻고 학습에도 흥미를 보입니다. 학교가 끝나고 방과 후 교실에서 수업을 듣고, 여러 학원에 다니며 집에 저녁 7시가 넘어서 온 아이에게 따뜻한 말과 더불어 부모와 함께하는 시간을 가져보세요. 혹시 아이와의 첫 대화에서 "숙제는 했니?" "오늘 배운 거 가지고 와봐." "내일 준비물 뭐야?"라는 말을 많이 하지는 않나요? 아이와 부모의 관계를 멀어지게 만들 수 있습니다. 아이들에게 검사하는 말보다는 "오늘 하루는 즐거웠니? 같이 이야기해볼까?" "오늘 기분은 어때?"라고 말해보세요. 서로 생각을 이야기하며 대화를 이어가보세요. 부모와 함께 나누는 대화 속에서 아이의 국어 실력은 자연스럽게 자라날 수 있습니다.

국어를 공부하는 방법을 알기 전 부모와 자녀의 대화에 대해 생각해볼 필요가 있습니다. 주변 선생님들의 말을 들어보면 교실에서 아이들이 이해를 못 하면 다시 한번 설명하고 시간을 줄 수 있다고 합니다. 하지만 내 아이가 이해를 못 하면 이해를 못 한다는 사실 자체가 이해가 안 된다고 합니다. 답답하고 조급하여 어느 순간 짜증을 내고 있다고 합니다. 화를 내거나 갈등이 생기면서 공부가 끝나기도 한다고 합니다. 아이가 모르는 것은 당연합니다. 모두가 한 번에 이해할 수는 없습니다. 이해가 안 되면 두 번, 세 번, 네 번 반복하면 됩니다. 하지만 부모가 아이를 가르칠 때는 이 과정이 잘 안 됩니다. 그렇다면 아이 교육은 어떻게 해야 할까요? 외부에 맡기는 게 좋을까요?

우선 아이를 가르친다는 생각을 버리세요. 아이를 가르치는 것이 아니라 함께 공부한다고 생각을 바꿔보세요. 지식을 전달하는 것이 아니라 아이와 함께 배운다고 관점을 바꾸는 거죠. 그렇다면 아이와 공부할 때 조금 더 마음이 가벼워집니다. 아이가 조금 느릴 수는 있습니다. 사춘기 시절 어긋날 수도 있는 자녀와의 관계에 벌써부터 금이 간다면 매일 집에 있는 시간이 행복할까요? 아이와의 관계 유지를 최우선으로 두고 함께 공부해가는 부모가 된다면 결국 아이의 학습에도 긍정적인 영향을 미칠 것입니다.

혹시 국어를 잘하면 뭐가 좋을지 한 번 생각해보셨나요? 국어를 잘하면 고등학교 내신에서 좋은 성적을 받고 좋은 대학을 갈 수 있다는 생각이 가장 먼저 떠오를 것입니다. 대한민국에서는 공부를 잘하면 성격도 좋다는 재미있는 논리가 있기도 합니다. 실제로도 공부, 특히 국어를 잘하면 여러 가지 능력이 자연스럽게 계발됩니다.

국어는 기본적으로 듣기, 말하기, 읽기, 쓰기의 네 가지 영역으로 나누어져 있습니다. 이 중 듣기 능력은 경청과 관련이 깊습니다. 경청하는 능력을 지닌 사람은 원만한 교우 관계를 지니고 적을 잘 만들지 않습니다. 학교생활 및 사회생활을 하는 데 필수적인 능력이죠. 또한 올바르게 들어야 주제에 맞는 말하기가 가능합니다. 말하기 능력은 자기 생각을 뚜렷하게 표현하고, 토의나 토론에서 논리적으로 표현할 수 있는 능력입니다. 최근 하브루타를 통해 특히 강조되고 있습니다. 국어 교과서에 하브루타의 질문 만들기가 추가되었죠. 읽기는 다양한 글을 눈으로 읽고 이해하는 능력입니다. 단순히 읽는 능력을 벗어나 글과 글 속에 있는 함축적 의미까지 파악하는 과정을 포함합니다. 쓰기는 자기 생각을 논리적이고 함축적인 글로 표현할 수 있는 능력입니다. 짧은 단어에서 문장, 문단, 한 편의 글로 이어지는 과정입니다.

우리는 4차 산업혁명 시대에 살고 있습니다. 인공지능, IoT, 자율주행 자동차, 드론, VR 등 불과 몇 년 전에는 볼 수도 없던 제품들이 나오고 사람들이 살아가는 문화도 급속도로 변하고 있습니다. 안타깝게도, 무엇이 옳은지 그른지 판단하기조차 힘든 거짓 정보들이 범람합니다. 서로 속고 속이는 일도 빈번하게 발생합니다. 급변하고 복잡한 사회를 우리 아이들이 살아가려면 국어 능력이 꼭 필요합니다. 자신에게 일어나는 일에 관해 자기 의견을 적극적으로 이야기할 수 있어야 하고, 자기 권리를 찾을 수 있어야 합니다. 다양한 글을 읽고 사실과 거짓을 구별할 줄 알아야 하고, 자기 생각을 함축적인 글로 표현하는 정제된 표현 능력을 길러야 합니다.

물론 대학 입시에서도 국어 능력은 절대적으로 중요합니다. 글을 읽고 이해하는 능력이 부족한 아이들은 국어뿐만 아니라 수학, 영어, 사회 등 전반적인 과목에서 높은 성적을 받을 수 없습니다. 시험은 교과서를 암기하고, 이해하고, 응용해서 문제를 해결하는 복합적인 과정이기 때문입니다. 이해력이 부족한 아이들은 학교 시험 전반에서 좋은 성적을 받기 힘듭니다. 따라서 국어 능력은 모든 공부의 기초가 된다고 말할 수 있습니다.

☑ 국어 공부법

국어 능력을 기르기 위해 가장 먼저 해야 할 것은 책 읽기입니다. 1학년 아이들은 부모와 함께 책 읽기를 많이 합니다. 아이가 2학년이 되면서 함께하는 활동이 다소 줄어듭니다. 숙제를 확인하거나 같이 수학 문제를 푸는 것 정도에서 그치는 경우가 많습니다. 학습은 부모와 아이가 함께하는 과정이 되어야 합니다. 아이의 숙제 검사도 중요하지만 그 시간에 아이와 함께 책을 읽으며 다양한 활동을 해보는 건 어떨까요? 아이와 책을 읽으며 나누는 대화는 부모와 아이의 관계를 더 따뜻하고 깊은 관계로 만들어줍니다. 또 아이의 평소 생각이나 삶의 태도를 알아볼 수 있는 중요한 과정입니다.

요즘 아이들은 책을 정말 안 읽는다고 합니다. 하지만 우리나라 영유아기 독서량은 전 세계에서 상위권입니다. 통계를 보면 초등학교 1학년 시기까지도 상위권을 유지하지만, 2학년부터 독서량이 떨어지기 시작합니다. 공부를 많이 하면 할수록 책은 더 안 읽습니다. 당연한 이야깁니다. 하루 중 집중할 수 있는 시간은 한정적인데 공부하는 시간에 집중력을 모두 사용하기 때문입니다. 독서는 뒷전으로 밀릴 수밖에 없습니다.

책을 안 읽는 아이들을 위한 독해 문제집이 시중에 많이 나옵니다. 다양한 어휘와 문학, 비문학 작품을 활용해 아이들의 어휘력을 높여주기 위해 만들어졌습니다. 독해 문제집은 아이가 책 읽기를 좋아하지 않는다면 학습 효과가 크지는 않습니다. 독해 문제집은 국어를 잘하기 위한 단계 중 가장 상위 단계에 속합니다. 다른 기초를 갈고 닦은 후 풀면 효과가 좋은 학습 도구입니다. 국어 공부는 그림책에서 시작해야 합니다. 그리고 동화책을 통해 생각하는 법을 익히고 국어 교과서를 읽어보며 어휘를 습득해야 합니다. 국어 교과서는 지문과 함께 문제가 있습니다. 모두 서술형입니다. 아이와 함께 해결해보세요. 그다음에 풀어야 하는 가장 상위 단계가 독해 문제집입니다. 모든 기초를 갈고닦은 후 도전해보세요.

☑ 실천해봅시다!

아이와 함께 책을 읽어주세요. 집에서 책에 흥미를 느낄 수 있게 해주고 편안한 독서 환경을 만들어주세요. 식탁이나 큰 책상에서 가족이 다 같이 앉아 책을 읽거나 다양한 활동을 함께하는 것은 아이에게 안정감을 줍니다. 옆에서 부모님은 다른 책을 보며 아이는 읽고 싶은 책을 읽거나, 부모와 아이가 함께 책을 읽는 것도 좋습니다. 간식을 먹으며 대화를 나누는 것도 좋은 방법이죠.

전 세계에서 똑똑하다고 알려진 유대인들은 아이가 세 살 때부터 아버지가 저녁마다 『탈무드』를 한 쪽씩 읽어준다고 합니다. 『탈무드』의 내용은 문제가 주어지고 '랍비'가 이를 지혜롭게 해결하는 과정으로 구성됩니다. 이야기를 통해 가치 판단을 해야 하는 상황을 제시하고 생각할 기회를 줍니다. 아이에게 문제 부분까지 읽어주고 해결책을 함께 고민해보세요. 선택에 정답은 없습니다. 해당 문제를 생각해보고 진지하게 고민해보는 것이 가장 중요합니다. 위대한 발명은 모두 처음에는 얼토당토않은 생각에서 시작되었습니다. 자신만의 논리적이고 창의적인 생각은 모든 발명의 기초이자 두뇌 발달의 원동력입니다. 다음 세 가지 방법을 활용하며 책 읽는 시간을 통해 아이의 국어 능력의 기초를 형성해보세요.

① 하루 20분 독서

평소에 아이가 좋아하는 장르의 책을 아시나요? 아이가 좋아하는 장르의 책 1권, 부모가 추천하고 싶은 책 1권을 읽어보세요. 하루 20분 함께하는 독서는 국어의 기초입니다. 2학년 아이들은 20분이면 2권을 모두 읽습니다. 아이가 느리게 읽는다고 걱정하지 마세요. 오히려 더 깊이 이해하고 있을 수도 있습니다.

하루 20분 독서 시간에 아이와 책을 번갈아 읽을 수도 있고, 부모는 부모가 읽고 싶은 도서를 따로 읽을 수도 있습니다. 꼭 아이 수준의 동화책을 읽지 않아도 됩니다. 신문, 에세이, 소설, 자기계발서 등 부모의 기호대로 책을 읽어보세요. 아이가 부모에게 자극받아 더 높은 수준의 글을 읽으려고 할 수도 있습니다. 함께 책 읽는 문화를 만들어보세요. 혹시 그동안 못

본 드라마가 걱정된다면 아이가 잘 때, 학원 갔을 때 몰아서 보면 좋습니다.

② 교과서 소리 내어 읽기

캐나다 워털루대학의 연구팀은 100여 명의 참가자를 대상으로 가장 효과적인 독서 방법을 연구했습니다. 연구 결과에 따르면 중요한 정보는 소리 내어 읽으면 기억에 가장 오래 남는다고 합니다. 날마다 정해진 시간에 책을 소리 내어 읽는 것은 아이들의 집중력 향상과 독서 흥미 유발에 도움이 됩니다. 앞으로 어떤 일이 일어날지 예측하며 읽기, 아이가 부모에게 소리 내서 읽어주기, 자신이 읽은 책의 내용을 부모에게 설명하기 등 다양한 독서 방법도 실천해보세요.

교과서를 소리 내어 읽을 때 아이들이 정확한 단어를 읽지 못하거나 의미 별로 끊어 읽지 못할 때가 있습니다. 즉각적인 피드백은 아이의 책 읽기에 대한 자신감을 감소시킵니다. 책을 다 읽고 난 후 부모가 해당 부분을 읽고 아이가 따라 읽도록 하세요. 아이가 천천히 또박또박 한 글자씩 읽을 수 있도록 격려하고, 등장인물이나 긴장감이 고조되는 부분은 강조해서 읽도록 해보세요. 학교에서는 국어를 매일 배웁니다. 소리 내어 읽어보며 교과서 옆에 있는 서술형 문제도 함께 해결해보세요. 문제집은 아이의 교과서 한 권 소리 내어 읽기가 끝나면 풀어보세요.

③ 계속 말하기

국어 능력은 듣기와 말하기를 기초로 폭발적으로 성장합니다. 듣기와 말하기의 기초는 부모와의 대화입니다. 아이들은 기본적으로 쓰기를 좋아하지 않습니다. 말하기를 더 좋아합니다. 아이와 끊임없이 대화해보세요. 서로에게 있던 일을 사소한 것이라도 이야기하고 적극적으로 반응해보세요.

아이들과 많은 대화를 나누세요. 대화는 지식을 외우는 게 아니라 지식을 습득하는 법을 터득하게 합니다. 하브루타는 어떻게 유대인들이 노벨상을 받고 전 세계를 이끄는 인물로 자라나게 했을까요? 유대인은 태생적으로 똑똑하기 때문일까요? 아닙니다. 하브루타를 통해 주고받는 대화는 뇌를 자극해 똑똑한 머리를 만들어준다고 합니다. 특히 책을 통한 대화가 많은 도움을 줍니다. 아이와 함께 질문을 던지고 토론, 토의, 논쟁함으로써 다양한 방향으로 생각하는 법을 익혀보세요.

☑ 주의사항

본인의 편함을 위해 보상을 걸고 학습을 유도하는 부모가 많습니다. 문제집을 다 풀면 게임, TV 시청, 스마트폰 등을 허락하는 방법이죠. 또는 이번 문제집을 풀어서 다 맞으면 TV를 볼 수 있게 해준다고 일종의 보상 심리를 제공하는 부모도 있습니다. 초등학생들은 외적 보상으로 내적 보상을 유도하는 게 효과적일 때도 많습니다. 하지만 목표가 아닌 목표 달성을 위한 수단으로서의 학습은 달성하지 못한 아이들에게 큰 좌절감을 남기기도 합니다. 가정에서 적절히 활용해보세요.

학습에는 내재적 동기와 외재적 동기가 있습니다. 내재적 동기는 스스로 공부해야 하는 이유를 깨닫고 학습하는 것을 의미합니다. 즉, 공부 자체가 목표가 되는 경우죠. 외재적 동기란 공부가 무언가를 얻기 위한 하나의 수단이 되는 경험을 뜻합니다. "100점 맞으면 스마트폰 사줄게."가 가장 좋은 예시입니다. 이때 문제는 아이가 공부해야 하는 이유를 깨닫기보다는 공부를 무언가를 얻기 위한 수단으로 생각하게 된다는 점입니다. 스마트폰을 얻기 위해서 공부는 열심히 합니다. 단, 공부에 대한 흥미는 점차 잃어갈 수 있습니다. 혹시라도 시험에서 몇 개를 틀려 스마트폰을 얻지 못하면 아이는 어떤 생각이 들까요? 아이에게 학습은 더 이상 의미가 없어집니다. 더 공부할 의욕조차 사라지게 되죠.

의기소침한 아이를 보며 안타까운 부모는 아이를 달래며 말합니다. "다음에는 1개 틀려도 스마트폰 사줄게." 혹은 "이번에 열심히 했으니까 사줄게." 하고 말입니다. 외재적 동기는 더 큰 외재적 동기를 유발합니다. 이번에 스마트폰을 사주었는데 다음에는 아이가 좋아하는 책 한 권이 보상이라고 해보세요. 아이에게 학습 동기가 유발될까요? 보상으로 학습 효율이 높은 아이들에게는 결과보다 과정에 대해 보상을 해주세요. 몇 문제 이상을 맞았을 때 보상을 제공하는 것보다는 일정량의 과제를 달성했을 때 보상을 해주세요. 지나친 보상은 추후에 감당하기가 힘들 수도 있습니다. 작은 보상부터 시작해보세요.

책을 통해 아이들은 다양한 상상을 합니다. 하늘을 날 수 있다고 믿거나 꿈 속에서 무엇이든 할 수 있다는 비현실적인 믿음을 갖습니다. 실제로 시도 한다면 위험하겠지만, 공상적인 대화는 아이 발달에 도움을 줍니다. 특히 아이와 대화할 때 아이의 감정을 존중하고 아이의 상상력을 자극하는 다 양한 질문을 해주세요. '설득형 대화'는 되도록 피하세요. 예를 들어 "지금 ~하면 엄마가 ~해줄게."와 같이 조건이 있는 설득형 대화는 단기적으로 효 과는 있지만 장기적으로는 보상에 집착하는 아이를 만들 수도 있습니다.

아이들은 책을 읽을 때 주어진 글씨와 그림을 바탕으로 자신만의 내용을 상상합니다. 이것은 뇌에 저장된 다양한 정보를 전두엽으로 끌어와 자신 만의 이야기를 만들어 시각 중추를 통해 재생하는 것입니다. 흔히 이야기 하는 고등 사고력이죠. 책을 읽으면서 아이들은 책 정보를 조합하며 장면, 인물, 내용, 뒷이야기 등을 상상합니다. 이 과정에서 전두엽뿐만 아니라 후 두엽까지 자극하게 되어 뇌의 전체적인 발달이 일어난다고 합니다.

그렇다면 상상력이 풍부한 아이들을 어떻게 하면 책과 더 가까워지게 할 수 있을까요? 어른인 우리도 가끔 오락실에 가거나 고무줄놀이, 사방치기, 옛 교복 입어보기 등 어렸을 때 하던 놀이를 하면 동심으로 돌아간 느낌이 듭니다. 추억이 되살아나며 끓어오르는 무언가를 느낍니다. 놀이는 누구에게나 즐겁고 재미있는 활동입니다. 독서를 공부가 아닌 놀이로 접근해보세요. 이 단계는 특히 독서에 흥미를 잘 느끼지 못하는 아이들에게 큰 도움이 됩니다.

① 끝말잇기

끝말잇기는 예를 들어 '기차'라는 단어를 이야기하면 '차'로 시작하는 단어를 말하는 놀이입니다. 책과 관련지으면 여러 가지 놀이가 가능합니다. 저는 아이들이 어렸을 때부터 승패가 갈리는 놀이는 가급적 지양하길 바랍니다. 어렸을 때부터 지나친 경쟁심이 학습되면 학교에서 친구들과 의견 대립으로 다투는 일이 생기거나 팀과 팀으로 나눠 대결할 때 능력이 떨어지는 자신의 편에게 심한 말을 하는 경우를 자주 봅니다.

따라서 아이와 부모가 서로 주거니 받거니 하며 총 10번 끝말잇기를 하는 것을 목표로 진행해보세요. 10번 하면 맛있는 음식 먹기와 같은 보상을 걸고 해보세요. 이때 함께 읽은 책을 보며 책에 나온 단어로 끝말잇기를 합니다. 끝말로 이어지는 책을 찾기가 쉽지 않고, 책을 펴서 내용을 다시 읽고 찾는 활동이 힘에 부칠 수 있습니다. 시간이 여유로울 때 하는 것이 좋습니다.

10번이 생각처럼 쉽지는 않습니다. '힌트 카드'를 만들어보세요. '힌트 카드'는 아이와 함께 놀이하는 아빠 대신 다른 일을 하고 있는 엄마에게 받는 카드입니다. 엄마는 끝말잇기 퍼즐을 해결하기 위한 단어를 종이에 쓴 '힌트 카드'를 제공합니다. 힌트 카드는 어떤 단어든 쓸 수 있으니 재미난 단어를 많이 써보세요. 비슷한 단어, 반대 단어 이야기하기 등 다양하게 응용 할 수 있습니다.

② 이야기 만들기

아이가 일주일 동안 가장 재미있게 읽은 한 권을 고릅니다. 책에 나온 문장 중 부모와 아이가 각 2개씩 총 6개의 문장을 골라서 종이에 옮겨 적습니다. 아이와 엄마는 방에 들어가 있고, 아빠가 6개의 문장을 쓴 종이를 숨깁니다. 아이와 엄마는 함께 6개의 쪽지를 모두 찾습니다. 찾은 종이를 모두 모아 아이가 이야기의 순서대로 배열합니다. 순서가 맞는지 함께 이야기를 나눠보세요. 마지막으로 책을 펼쳐 문장을 모두 찾아보며 확인해보세요.

응용 활동으로 뽑은 문장 6개로 나만의 이야기 만들기를 할 수 있습니다. 뽑은 문장을 뒤집어 섞은 다음 문장을 2개씩 뽑으세요. 엄마부터 첫 문장을 활용하여 짧은 이야기를 만들어주세요. 두 번째 순서인 아빠는 그 이야기의 뒷부분을 뽑은 문장으로 이어가야 합니다. 세 번째로 아이도 같은 방법으로 이야기를 이어갑니다. 위 과정을 반복하여 6개의 문장을 모두 사용하면 새로운 이야기가 만들어집니다.

....

③ 핫 시팅

등장인물 중 한 명이 되어 인터뷰하는 핫 시팅은 아이가 즐겁게 참여할 수 있는 방법입니다. 현재 교육 연극 '핫 시팅'으로 많이 사용되고 있습니다. 먼저 가운데 의자를 두고 주변에 동그랗게 모여 앉습니다. 가운데 의자에 앉은 사람은 책에 나온 인물 중 한 명이 되어 나머지 사람들이 하는 질문에 대답합니다. 의자에 아이와 부모가 번갈아 앉아 주인공 역할을 해보며 질문과 대답을 해보세요. 아이가 가장 좋아하는 책의 주인공이 직접 되어 본다면 즐겁지 않을까요?

④ 가족 독서 체험학습

아이가 공룡에 관한 책을 읽었다면 아이와 함께 공룡을 찾아 모험을 떠나 보세요. 전국에는 공룡과 관련된 박물관이 많이 있습니다. 국립과천과학관, 고성공룡박물관, 미호박물관 등 지역마다 대부분 공룡 박물관이 있습니다. 동물에 관한 책을 읽었다면 동물원으로 체험학습을 가보세요.

아는 만큼 보입니다. 책에서 읽은 내용을 아이가 눈으로 직접 본다면 무작정 놀러 가는 것보다 효과가 큽니다. 책을 통해 본 내용이 현실이 되는 과정은 아이의 독서 흥미를 키워줍니다. 특별한 주제 없이 아이와 독서를 통해 여행을 떠나고 싶다면 『동네 한 바퀴』, 『꿀벌 마야의 모험』 등의 책을 읽고 아이와 함께 독서 체험학습 계획을 세워보세요.

아이와 함께 주말이나 휴가 시즌을 통해 책과 관련된 여행을 떠나보세요. 가족 모두 좋아하는 책을 한 권씩 골라 시원한 그늘에 누워 읽어보세요. 진

정한 휴식이자 힐링이 되지 않을까요?

⑤ 독서 피드백

책의 그림만 보며 책의 내용을 똘똘하게 이야기하는 아이들이 많습니다. 책의 내용을 질문하면 책에서 본 그림을 통해 이야기를 재구성해 만들어냅니다. 그림만 중점적으로 보면 글씨는 대강 훑어봐도 어떤 내용인지 다 알 수 있습니다. 부모도 동화책의 내용을 대략 알고 있기에 아이가 올바른 독서를 하고 있다고 착각합니다. 이러한 '이야기 꾸며내기'를 조심하세요. 이야기 꾸며내기에 익숙해진 아이들은 책과 교과서 읽기에 소홀해질 가능성이 큽니다.

읽는 내용을 부모와 함께 확인하는 활동을 해보세요. 우선 책에 있는 내용에 관한 세부적인 질문을 해보세요. 만약 아이가 부모의 질문을 싫어한다면 '이야기 꾸며내기'를 했을 수도 있습니다. 아이가 대답하지 못하면 해당 페이지로 돌아가 다시 읽어보세요. 일주일 넘게 고쳐지지 않는다면 부모와 아이의 대화를 녹음해서 함께 들어보는 방법도 좋습니다.

아이들은 책을 읽고 나면 부모에게 많은 질문을 합니다. "엄마, 진짜 공룡이 살았어?" "정말 지구는 돌고 있어?" "하이에나는 죽은 동물만 먹어?" 등과 같은 질문입니다. 피드백은 즉시, 간결하게 이루어질 때 가장 효과적입니다. 내용을 알고 있으면 아는 범위에서 대답해주세요. 모를 경우 "엄마는 모르는데 혹시 OO이가 공부해서 알려줄 수 있어?" 혹은 "엄마가 하는 일이 끝나면 같이 찾아볼래?"라고 대답해주세요. 아이가 공부해서 찾아오면 과할 정도로 칭찬해주세요. 손뼉도 치며 쓰다듬어 주세요. 아이는 지금 스스로 학습의 기초를 닦았습니다. 호기심이 사라지면 질문과 흥미가 사라지는 것처럼, 부모의 독서 피드백이 사라지면 아이의 독서 흥미도 점차 줄어듭니다.

쓰기 습관
아이의 감정을 글로 표현해요

바른 자세와 글씨를 익힌 아이들은 글쓰기와 친해지는 단계가 필요합니다. 처음부터 높은 수준의 글쓰기를 바라진 마세요. 아이가 태어나 자라며 내뱉은 엄마, 아빠라는 한 마디에 기뻐했던 것처럼 오랜 기간 기다려주세요. 2학년 아이들은 자기 생각을 짧게라도 글로 표현할 수 있습니다. 아이의 생각과 감정을 질문해보면 글쓰기와 친해질 수 있습니다. 감정 표현과 관련된 어휘를 익혀 표현해보세요. 아이는 자신의 감정을 표현할 때 수많은 정보를 함께 표현합니다. "재미있는 점은 뭐야?" "속상한 점은?" "창피했었어?" "웃기는 점은?" "만족한 부분은 어디야?" 등과 같이 감정에 관한 질문은 아이의 기억을 자극해 대화를 이끄세요.

아이의 생각을 질문해보세요. "하고 싶은 게 뭐야?" "궁금한 점 있었어?" "기억 나는 점은?" 등과 같은 질문을 해보세요. 모든 학습과 글쓰기의 시작은 '아이'입니다. 아이의 입에서 이야기와 글이 나와야 합니다. 생각과 감정에 관한 질문으로 아이의 기억 속에서 대화를 이끌어주세요. 부모는 아이의 생각을 좀 더 구체화하는 데 집중해야 합니다. 아이가 흥미 있는 분야로 대화를 이어가세요.

① 감정 글쓰기

아이의 감정과 관련된 질문들은 아이가 하루를 되돌아보는 데 매우 효과적입니다. 아이의 감정에 대해 조금 더 구체적으로 알 수 있고, 글쓰기로 이어질 수 있습니다. 책을 읽은 후 아이와 함께 '감정'을 공유해보세요. "가장 재미있는 부분은 어디야?" "가장 슬펐던 부분은 어디야?" 등과 같은 감정 질문을 해보세요. 대답하지 못한다면 다시 한번 책을 읽으며 찾아보세요. 감정에 관한 대화를 많이 나눈 아이들은 공감 능력과 사회성도 좋아집니다. "느낀 감정은 무슨 색이야?"라고 질문해보세요. 빨강, 파랑, 하양, 초록, 검정 등 여러 가지 색으로 아이가 감정을 표현하는 기회를 주세요. 감정을 색으로 표현하거나 주변 사물이나 동물에 비유하는 것도 아이의 글쓰기 소재를 선정하는 데 도움이 됩니다.

감정에 관한 질문 이후 책의 내용을 인터뷰해보세요. 책을 보며 아이와 부모 각각 질문을 3개씩 정한 다음 서로 묻고 대답해보세요. 미리 적은 질문에 대한 대답을 듣고, 적어보세요. 완성된 글을 서로 읽어보며 즐겁게 활동을 마무리하세요. 글쓰기에 아직 자신 없는 아이들은 이야기한 내용을 부모가 그대로 옮겨 적어주세요. 익숙해지면 부모의 말을 아이가 받아 적게 해보세요. 글자와 철자는 틀려도 괜찮습니다.

② 글쓰기 포트폴리오

호기심과 흥미가 많은 시기입니다. 자신감을 기르는 활동을 통해 글쓰기에 친숙해지도록 해보세요. 아이가 삐뚤빼뚤 쓴 "엄마" "아빠" 등 아이가 준 모든 글을 모아 『○○이의 글』이라는 책을 만들어보세요. 아이가 표지도 직접 그리고 지은이도 되어 만든 책을 책꽂이에 꽂아보세요. 한 권씩 책이 쌓여가는 모습을 보면서 아이가 성취감을 느낄 수 있습니다. 학교에서 가지고 온 결과물, 그림도 좋습니다. 가정에서 아이와 함께한 활동의 작품을 거실 한쪽에 전시하고 관람해보세요. 가끔은 전시회를 열어 가족 모두의 작품을 함께 보는 것도 의미가 있겠죠?

가족사진을 모은 앨범에 가족들이 함께 댓글을 써보는 것도 좋아요. "아빠, 엄마랑 공원에서 맛있는 음식 먹었다."라는 댓글 하나도 훗날 추억이 될 것입니다. 더 활용한다면 아이의 궁금증을 모아 『척척박사 ○○이』와 같은 지식백과 책, 그날그날 감정에 관해 쓴 『○○이의 감정』과 같은 책도 아이의 상상력을 발휘하는 좋은 기회가 되지 않을까요? 검색 한 번이면 셀프 출판 사이트도 많이 찾아볼 수 있어요. 이를 활용해보는 것도 좋습니다.

③ 인터뷰 글쓰기

인터뷰 글쓰기는 아이와 함께 책을 읽거나 체험학습, 학교를 다녀온 후 간단히 할 수 있는 활동입니다. 아이에게 "네가 쓰고 싶은 것을 써봐."라고 하면 아이가 바로 쓰기 쉽지 않아요. 성인조차 쉽지 않은 질문입니다. 앞의 질문에 대한 대답은 "없어요." "모르겠어요." 하는 게 대부분일 것입니다. 따라서 아이에게 질문하는 법을 바꿔보세요. "오늘 학교에서 뭐 했어?"라는 다소 추상적인 질문보다는 "오늘 체육 시간에 어떤 운동을 했어?" "오늘 칭찬받은 일은 있었어?" "점심 메뉴는 뭐였어?" 등 구체적인 질문을 통해 아이의 대답을 유도

해보세요. 기자의 역할을 정해 한두 문장으로 간단히 대답한 뒤 글을 쓰도록 해보세요.

④ 문장 글짓기

아이와 함께 문장 놀이를 해보세요. 문장 놀이는 아이와 함께 읽은 책 속에서 부모와 아이가 기억에 남는 문장을 3개씩 씁니다. 문장은 짧고 간단하게 써주세요. 그리고 아이가 문장을 뽑아서 원하는 대로 배열합니다. 바뀐 순서대로 놓인 문장을 가지고 아이와 함께 재미있는 이야기를 만들어 대화를 나누세요. 그리고 직접 써보세요.

아이가 원하는 대로 배열한 문장들

졸려서 잠을 잤다.

밥을 먹었다.

『책 먹는 여우』 책을 읽었다.

아빠가 치킨을 사 오셨다.

날씨가 춥다.

학교에 걸어갔다.

위의 6개의 문장으로 글짓기를 해보세요. 아래의 글은 위의 6개 문장으로 아이와 함께 써본 글입니다. 2학년 아이들은 일기 형식으로 글을 쓰는 데 익숙합니다. 따라서 글의 재미를 높여주는 의성어, 의태어, 느낌표, 물음표, 따옴표를 적극적으로 활용하는 글쓰기를 해보세요.

오늘은 학교에 걸어서 갔다. 추워서 몸이 으슬으슬 떨렸다.

엄마가 보고 싶었다. 학교가 끝나고 집에 와서 엄마와 『책 먹는 여우』 책을 읽었다.

'여우가 정말 책을 먹을까?' 책 속의 여우는 생각이 통통 튀는 것 같다.

그런데 그 순간!

아빠가 양손에 치킨을 사 들고 오셨다.

"아빠! 오셨어요!"

너무 기뻐 방방 뛰며 아빠에게 뽀뽀를 했다.

치킨 냄새가 솔솔 풍겨왔다.

엄마, 아빠와 치킨을 냠냠 먹고 나서 보드게임을 하면서 놀다가 잠이 들었다.

⑤ 동시 쓰기

짧은 글 속에 함축적인 내용을 담은 것이 동시입니다. 글쓰기를 힘들어하는 아이들도 동시는 조금 가벼운 마음으로 접근합니다. 써야 할 내용이 많지 않기 때문이죠. 우리 주변의 사물, 동물, 곤충, 식물 등 무엇이든 소재가 될 수 있습니다. 아이들은 동시를 읽고 주변의 사소한 것, 평소 지나쳤던 것에 관심을 두기도 합니다. 감수성이 길러지는 거죠. 동시를 쓸 때의 가장 큰 장점입니다. 아이들이 그냥 지나칠 수 있는 일이나 주변을 관심 있게 바라보면서 하나의 대상을 여러 측면에서 생각하는 능력을 기를 수 있습니다.

실제로 학교에서 아이들과 책을 읽고 난 후 자신의 느낌을 동시로 표현하기 활동을 할 때가 많습니다. 동시를 쓰면서 아이들의 마음이 자라나는 것이 눈에 보입니다. 아이들은 시를 쓸 때 주변을 열심히 관찰합니다. 한 줄, 두 줄만 써도 훌륭한 동시가 되고 다양한 뜻을 표현할 수 있습니다.

글쓰기는 일종의 생각하는 훈련입니다. 동시 쓰기를 위해 많은 동시를 접해보세요. 동시는 전문 작가들이 쓴 시도 좋지만 초등학생 아이들이 직접 쓴 시가 아이들의 마음에 더 와닿습니다. 동시집을 많이 읽어본 후 시의 소재 바꾸어 써보기, 시의 주인공을 나로 바꾸기, 한 줄 바꾸어 쓰기 등 내용의 일부를 고쳐보세요. 그리고 잔잔한 배경음악과 함께 시 낭송을 해보세요. 시 바꾸어 쓰기 활동을 마치면 스스로 동시 쓰기로 넘어가세요. 동시와 그림을 함께 그려보세요. 동시는 형식이 없습니다. 생각나는 대로 3줄, 4줄이어도 좋습니다. 아이의 생각을 자유롭게 표현하는 기회를 주세요. 동시를 어려워하는 아이들에게는 다음 질문을 함께 해보며 동시를 써보세요.

---

1 ○○이가 만약 이 동물, 식물, 주인공이라면 어떤 생각이 들 것 같아?

2 동시에 나오는 친구와 ○○이가 비슷한 점과 다른 점은 뭐야?

3 동시에 나오는 □□와 비슷한 것은 무엇이 있을까?

4 이 물건(집에 있는 물건 또는 동·식물)을 자세히 살펴볼까? 어떤 것들이 보여?

5 부담 갖지 않아도 돼. 느끼는 대로 그대로 써보자.

---

⑥ 나는 글쓰기

아이들 글쓰기는 "나는"으로 시작해서 "했다"로 끝나는 경우가 대부분입니다. 발달단계상 자기중심적인 아이들은 글쓰기를 하면 자신이 했던 활동을 이야기로 풀어냅니다. 아이의 글쓰기를 '첨삭'하기보다는 '공감'하는 게 필요한 시기입니다. '나는 글쓰기'는 아이의 글쓰기에 중요한 역할을 합니다. '나는 글쓰기'를 수정하기 위해 많은 시간을 할애하는 부모님들도 있습니다. 아이들은 발달단계상 '나'에 초점이 머물러 있습니다. '우리'나 '주변'으로 나아가기에는 시간이 필요합니다. "'나는' 빼고 글을 써보면 어때?" "내가 한 것 말고 쓸 건 없을까?"라는 질문은 아이가 '나는 글쓰기'에 익숙해지면 자연스럽게 물어보세요.

글쓰기를 할 때 정확한 표현보다는 아이가 하고 싶은 이야기를 마음껏 풀어내는 기회를 주세요. 맞춤법, 잘못된 표현, 구체적 글쓰기 지도보다는 쓰는 데 의의를 두세요. 글쓰기는 글 쓰는 재미와 표현력, 창의력, 상상력 등을 기르는 시간입니다. 맞춤법과 바른 글씨와는 별개의 시간입니다. 함께 글을 쓰며 맛있는 간식을 먹거나 동화책을 함께 읽는 방법을 활용해보세요.

2학년이 되었지만 글쓰기와 친해지지 못한 아이도 많습니다. 다양한 기호나 그림을 통해 표현의 재미를 느끼게 해주세요. 아이와 글쓰기는 방 한쪽에 놓인 책상보다는 거실과 같은 개방된 장소에서 해보세요. 아이가 쓴 글에 대한 즉각적인 반응과 칭찬, 적절한 추임새는 아이들의 글쓰기를 강화시킵니다. 평생 글쓰기를 위한 준비 단계인 2학년은 기초를 다지는 시기입니다.

· · · · ·

Check Point
아이와 함께하는 받아쓰기

받아쓰기는 누군가 단어나 문장을 불러주면 다른 한 명은 그 내용을 듣고 공책에 그대로 쓰는 활동입니다. 개정된 교육과정상 아이들은 2학년 때부터 본격적으로 받아쓰기 활동을 하게 됩니다. 받아쓰기는 영어와 다르게 모국어로서 일상생활에 항상 노출되어 있습니다. 한글은 소리글자이기 때문에 많이 듣게 되면 자연스럽게 체득할 수 있습니다. 받아쓰기를 새로운 내용으로 하기보다는 동화책과 교과서를 읽고 난 후 읽은 내용으로 부모와 함께 받아쓰기를 해보세요. 아이가 받아쓰기를 어려워한다면 책을 펴고 부모와 함께 또박또박 한 글자씩 읽어보며 써보세요. 아이의 받아쓰기 실력은 금방 좋아집니다.

① 받아쓰기를 하는 이유

받아쓰기를 하는 이유는 아이의 집중력 때문입니다. 아이는 받아쓰기를 하기 위해 단어를 정확히 경청해야 합니다. 또 들은 단어를 떠올리며 글씨로 표현하는 과정을 거칩니다. 정확히 듣지 못한 단어는 다시 한번 물어보고, 헷갈리는 글씨도 읽은 내용을 떠올리며 기억해내려고 노력합니다. 마지막으로 정답을 확인하며 틀린 단어에 대한 정확한 표현을 익히게 됩니다.

또 아이들이 생각하는 과정을 변화시키는 데 도움이 됩니다. 평소 아이들은 글씨를 눈으로 읽고 머리로 이해하거나 써보면서 공부합니다. 하지만 받아쓰기는 평소 학습 과정과 정반대로 진행됩니다. 즉 입력과 출력 과정이 출력과 입력 과정으로 바뀝니다. 아이들은 받아쓰기를 통해 평소와 정반대로 사고하는 과정을 익힙니다. 단, 맞춤법을 지나치게 강조하다 보면 아이의 자신감이 떨어질 수 있습니다. 소리 나는 대로 글씨를 익히는 것을 목표로 받아쓰기를 해보세요. 받아쓰기를 마친 뒤 올바른 문장을 보여주세요. 틀린 것을 지적하기보다는 올바른 문장을 알려주고 함께 읽고 써보는 연습을 하는 것이 아이의 성장을 위해 좋습니다.

② 받아쓰기를 하는 법

집에서 아이들과 할 수 있는 가장 좋은 받아쓰기 교재는 국어 교과서입니다. 국어 교과서에는 많은 단어가 나와 있습니다. 아이와 함께 국어 교과서를 정해진 페이지만큼 읽어보세요. 아이는 공책과 연필을 준비해서 기다리고, 엄마는 아이와 읽었던 부분 중에서 문제를 내보세요. 처음에는 단어로 시작해서 점차 문장으로 늘려보세요. 국어 교과서로 하는 받아쓰기를 능숙하게 해낸다면 동화책을 함께 읽어보고 받아쓰기를 해보면 좋습니다. 띄어쓰기와 문장부호는 아이가 받아쓰기를 하는 목적과 관련이 없습니다. 띄어쓰기는 문제를 내며 알려주는 것도 좋은 방법입니다. 단어와 내용에 집중해 받아쓰기를 함께 해보세요. 만약 아이가 받아쓰기를 싫어한다면 부모가 함께 해보세요. 아빠가 문제를 내고 아이와 엄마가 받아쓰기를 해보세요.

어른의 입장에서 생각해봅시다. 우리가 회사에서 만드는 수많은 프레젠테이션, 공문서, 포스터, 디자인, 다양한 홍보 글의 공통적인 특징이 무엇일까요? 바로 누군가를 위해 만들어진다는 점입니다. 누군가가 보고 읽는 것들이죠. 아이들의 글도 마찬가지입니다. 아이들의 글은 부모가 읽고, 선생님이 읽고, 친구들이 읽습니다. 2학년 아이들의 글쓰기와 6학년 아이들의 글쓰기는 다릅니다. 2학년 아이들은 글쓰기 자체를 즐거워하고 친구들에게 보여주고 싶어 합니다. 자신이 만든 작품을 자랑하고 싶기 때문이죠. 반대로 6학년 아이들은 글쓰기를 부담스러워하고 친구들이 보는 것을 부끄러워합니다. 글쓰기에서 드러난 자기 생각을 다른 친구들이 보는 것을 창피하다고 느끼기 때문입니다.

부모들은 종종 아이들의 글쓰기를 읽어본 후 빨간 펜으로 첨삭을 합니다. 틀린 부분이나 어색한 부분을 고칩니다. 하지만 이것이 아이들의 글쓰기에 매우 부정적이라는 사실을 알고 계시나요? 아이에게 스스로 쓴 글은 자신이 만들어낸 하나의 작품이자 자신을 표현한 것입니다. 부모가 아이의 글을 보고 틀린 부분을 지적하는 것은 아이의 자존감에 영향을 줄 수도 있습니다. 따라서 첨삭을 하기 전 아이의 글쓰기 내용에 공감해주세요. 부모들이 종종 이야기합니다. "맞춤법은 제대로 알아야 하지 않나요?" 물론 맞는 이야기입니다. 하지만 맞춤법은 시간이 지나면 자연스럽게 길러집니다. 맞춤법을 굳이 아이의 글쓰기 시간에 가르쳐야 할까요? 글쓰기는 아이가 기특하게도 자기 생각을 많은 문장으로 표현한 대단한 일입니다. 아이가 쓴 내용을 존중해주고 공감해주세요.

아이들이 글쓰기에서 간혹 부모들의 험담(?)을 할 때도 있습니다. 부모들이 대로할만한 일입니다. 하지만 무작정 화를 내기보다는 글쓰기 내용을 좀 더 다채롭게 만들 수 있는 질문을 해보세요. 아이들은 글쓰기에서 순간의 화와 그 표현에 관한 부족한 이해로 인해 종종 부모를 놀라게 하기도 합니다. 아이들에게 그렇게 쓴 이유를 물어보고 단어의 뜻을 정확히 알려주세요.

PART 4

초등학교 3학년,
아이는 부모의 통제를 느낀다

구체적인 칭찬으로 아이의 자존감을 높여요

아이들의 행동을 구체적으로 칭찬해보세요. "열심히 하는구나." "보기 좋다."
라는 칭찬보다는 조금 더 구체적인 칭찬으로 아이들의 행동을 강화할 수
있습니다. "의자에 오래 앉아 있는 구나." "바른 자세로 책을 읽고 있구나." 등 보
다 구체적인 칭찬은 아이의 마음을 춤추게 합니다. 부모들은 아이의 학교
수행평가 결과나 문제집을 푼 결과에 대해서 칭찬을 많이 합니다. 결과에
관한 피드백은 아이가 문제를 많이 틀린 것에 대한 부끄러움을 일으킵니다.
아이가 문제를 많이 틀렸을 때 "괜찮아 다음에는 잘 맞을 수 있어." 하고 반응
해보세요. 결과보다는 아이의 과정을 칭찬해주세요. "30분이나 문제를 풀었
네. 잘했어." "이 어려운 문제를 계속 푸는구나, 대단해." "책을 열심히 읽는구나."와
같이 과정을 칭찬해주세요. 결과에 대한 지나친 칭찬은 아이가 시험을 보
지 못했을 때 스스로에 대한 자존감이 낮아지고 결과에 스트레스를 받게
만들 수 있습니다.

아이가 실수했을 때 야단치기보다는 과정을 질문하세요. 남들이 다 보는
곳이 아닌 아이와 둘만의 공간에서 혼을 내세요. 그리고 아이의 노력하는

과정을 구체적으로 칭찬해주세요. 모든 아이는 칭찬받을 내용이 있습니다. 칭찬할 거리를 찾아가며 칭찬해주세요.

또한 아이의 목소리에 귀 기울여주세요. 아이는 부모의 신뢰를 받는다고 느낄 때 더 많은 이야기를 나누고 싶어 합니다. 부모가 자신을 감시하고 통제한다고 느끼는 아이는 부모와 학습, 교우 관계 등을 이야기하기 꺼립니다. 정작 하고 싶은 이야기는 마음속에 담아 둔 채 원하는 대답만 골라 하며 자신의 역할을 그럴듯하게 해낼 뿐이죠. 아이를 믿어주세요. 아이는 그 믿음을 지키기 위해 더 노력할 것입니다. 부모의 믿음은 아이를 성장시킵니다.

☑ 왜 해야 하나요?

결과에 대한 칭찬은 아이의 외부적 요인에 의한 동기를 길러줍니다. 결과에 대한 칭찬은 아이가 스스로 하고 싶은 것을 찾아가는 힘을 길러주지 않습니다. 외부적 요인(물질적 보상)에 따라 움직이게 만듭니다. 아이의 내재적인 동기를 키워 자존감 높은 아이로 만들어주세요. 가정에서 부모와 대화를 많이 하지 못하는 아이들은 사회성이 부족한 아이가 될 가능성이 큽니다. 부모와 함께하며 옳고 그른 것에 대한 학습이 부족하면 자신의 주장만 내세울 수도 있습니다. 정반대로 전혀 자기주장이 없고 소극적인 아이로 자랄 수도 있습니다.

☑ 어떻게 해야 하나요?

저학년 아이들은 학교에서 친구들과 종종 다투기도 합니다. 보통 자기 잘못은 생각하지 않고 친구의 잘못만 생각하죠. 아이들의 일반적인 싸움은 놀이를 하며 규칙을 지키지 않거나, 심한 장난을 친 경우가 대부분입니다. 서로 화를 내며 말싸움을 하다가 몸싸움으로 번지게 됩니다. 혹시 아이에게 "네가 잘못했어." "네가 이러니깐 엄마가 더 힘들어."처럼 '너 지적법'을 사용하진 않으셨나요? 아이들은 학교에 와서 똑같은 태도로 친구들을 대합니다. 싸움이 커지는 결정적인 원인인 '너 지적법' 대신에 화해와 평화를 부르는 '나 전달법'을 사용해보세요.

아이의 내재적 동기를 키워주기 위해서는 결과보다는 과정에 대한 칭찬이 필요합니다. "이번에 1등 했구나. 최고야." 하기보다는 "그동안 최선을 다했니? 잘했어."처럼 칭찬해보세요. 결과는 필연적으로 남과의 비교가 암묵적으로 들어갑니다. 남보다 잘한 결과가 있습니다. 결과적 칭찬에 익숙해진 아이들은 자연스럽게 친구들의 결과에 눈이 가고, 나보다 잘한 아이들을 신경 쓰고, 스스로를 비판적으로 보기도 합니다. 내가 잘했지만 나보다 더 잘한 친구가 눈에 계속 밟힙니다.

반대로 과정에 대한 칭찬은 아이가 자기 자신을 되돌아보는 '성찰'의 효과가 있습니다. 성찰은 아이의 학습 능력을 길러주는 데 결정적입니다. 아이가 지금 공부를 잘할 수도 못할 수도 있습니다. 하지만 결과에 상관없이 아이가 '난 최선을 다했어.'라는 생각을 한다면 어떨까요? 지금은 비록 성취가 낮더라도 다음에 극복할 수 있는 마음의 힘을 길러줄 수 있습니다. 아이가 학교에서 받은 성적으로 너무 속상해한다면 지금이라도 "최선을 다한 거야? 그거면 됐어. 수고했어. 아빠는 우리 ○○이가 자랑스러워."라고 말해주세요.

....

☑ 실천해봅시다!

아이와의 대화 원칙 네 가지를 살펴보며 아이와 함께 올바른 대화를 실천해봅시다. 대화는 아이와 오해를 없앨 수 있는 좋은 수단입니다.

① 관심 갖기

대화를 위해서 가장 먼저 아이에게 관심을 갖는 것이 필요합니다. 아이와 눈을 마주치지 않은 채 건성건성 대화하고 있지는 않은가요? 부모 입장에서는 아이와의 대화가 별것 아닌 것처럼 보입니다. 하지만 아이는 정말 궁금하고 자신에게 있어 가장 중요한 일이기 때문에 이야기를 합니다. 아이와의 대화에 적극적으로 관심을 보이세요. 만약 정말 바쁘다면 "엄마가 바쁜데 조금 있다가 즐겁게 이야기 나눌까?" 하고 말해주세요. 참을성을 기르는 데 도움이 됩니다. 대화할 때는 서로의 눈을 바라보세요. 다른 일을 하며 나누는 대화는 상대에게 경청의 느낌을 주지 못합니다.

② 경청

경청의 뜻은 상대방의 말을 듣기만 하는 것을 의미하지 않습니다. 상대방이 전달하고자 하는 말의 내용은 물론이며 이해한 내용을 상대방에게 피드백하는 것까지 포함합니다. 상대방의 이야기를 듣고 흘리는 대신 집중해서 들은 후 적절한 피드백까지 해주는 것이죠. 생각보다 경청을 하는 경우는 많이 없습니다. 일반적인 우리는 남의 이야기를 들을 때 항상 나의 기준에서 판단하면서 듣습니다. 판단하며 듣기보다는 아이가 말하는 내용을 백지상태로 들어보세요. 조금 더 아이 마음이 이해될 거예요. 우리는 경청을 얼마나 할까요? 피드백은 조언이나 해답을 제시하는 것이 아닙니다. 상대의 의견에 공감하고 느낀 점을 이야기하면 됩니다. 적극적으로 경청하는 집의 아이는 말하기, 듣기 능력이 길러집니다. 아이와 서로 경청하며 대화해보세요.

③ 마음 내려놓기

많은 부모가 아이와 대화할 때 가장 기본이 되는 내용은 '훈계'입니다. 아이와 대화하다 보면 가르치고 싶은 욕구, 이야기 중 끼어들고 싶은 욕구가 커질 때가 많습니다. 일명 '말 자르기'라고 불립니다. 우리 일상생활에서도 흔히 사용하는 대화의 기술입니다. 아이의 말 중간에 참견하고 싶더라도 조금만 기다려 주세요. 아이와의 대화 중 '말 자르기'를 많이 하면 아이도 친구들과의 대화에서 똑같은 행동을 많이 한다고 합니다. 아이가 말하는 도중 계속 끼어들면 아이의 말하기에 대한 자신감이 떨어집니다. "틀렸다."라고 하기보다는 "아빠가 알기로는 ~한데? 한 번 다시 알아볼까?"와 같이 질문으로 대답해보세요. 부모의, 어른의 눈으로 바라본 지나치게 높은 기준은 아이에게 부담될 수도 있답니다.

④ 때로는 단호하게

아이와의 대화에서 때로는 단호할 필요가 있습니다. 아이가 거짓말을 한다거나 잘못 생각하고 있을 때입니다. 아이와 생활하다 보면 화나는 일이 있습니다. 아주 많을 수도 있죠. 아이를 키우는 게 아니라 인내심을 키우는 거라고 말하는 부모들도 종종 만납니다. 아이와 감정 갈등이 생기면 소리를 지르거나 심하면 매를 들 때도 있습니다. 잠시 감정의 time-out 시간을 가진 후 아이와 대화를 나누어보세요. 지나친 화는 아이와 부모 모두에게 좋지 않습니다. 아이는 혼날 때 반성하기보다는 이 순간이 끝나길 바라고 있지는 않을까요? 아이와 상황극을 해보세요. 서로의 역할을 바꾸어 대화하다 보면 충분히 상대를 이해할 수 있습니다.

합리적 의사결정과 더불어 똑똑해지는 사회, 과학을 공부해요

아이들은 3학년이 되면 사회와 과학 교과를 배우게 됩니다. 아이들은 처음 배우는 교과가 낯설고 신기합니다. 따라서 수업 시간에 열심히 집중합니다. 초등학교 3학년 사회는 교통수단의 발달, 고장의 모습, 계절에 따른 변화 등 아이 주변에서 눈으로 볼 수 있는 내용이 주를 이룹니다. 과학은 새롭고 재미난 여러 가지 실험을 하게 됩니다. 1, 2학년 때 아이가 자신과 주변에 관심을 두고 학습했다면, 3학년 때는 사회 교과를 통해 더 넓은 시야를 가지고 세상을 바라는 안목을 길러줍니다. 과학은 아이들의 호기심을 자극하죠. 빠른 아이들은 신문 기사를 읽거나 뉴스를 보기도 합니다. 사회와 과학은 국어, 수학, 영어와 더불어 주요 교과목으로 분류되며 중고등학교까지도 학습이 지속적으로 이루어집니다.

☑ 사회와 과학을 공부하는 이유

사회 교과는 왜 공부해야 할까요? 인간은 공동체 생활을 합니다. 갓 태어난 아이는 스스로의 힘으로는 살아갈 수 없습니다. 인간은 혼자서 살아갈 수 없는 동물입니다. '가족'이라는 울타리와 공동체라는 마을 안에서 살아가게 됩니다. 공동체 생활의 필요성을 알고, 사회에 적응하기 위해 도움을 주고자 만든 과목이 사회입니다. 사회생활에 필요한 규범, 법, 규칙도 배우죠. 학교를 작은 사회라고 부릅니다. 학교에서 자연스럽게 사회화를 하며, 그 도구는 사회 교과서입니다. 공동체의 한 구성원으로서 자신의 의견을 말하거나 협의하는 법, 내 주변에서 일어나는 일, 합리적 의사결정, 사회 구성원의 권리와 의무 등 필요한 것들을 배웁니다. 과학 교과서는 과학적 사고력을 기르는 데 중점을 둡니다. 실험을 설계하고, 과학 원리를 배우고, 주변에 흥미를 갖게 하죠.

☑ 사회·과학 공부법

사회 교과서에는 다른 교과들보다 많은 양의 사진이 포함되어 있습니다. 사회는 교과서를 꼼꼼히 살펴보며 공부합니다. 사회 교과서에 있는 사진으로 간접 체험을 합니다. 전국에 있는 장소들을 모두 돌아다녀 볼 수 없기 때문이죠. 사회를 공부할 때 교과서의 다양한 그래프, 자료, 신문 기사 등을 보며 분석하고 어떤 영향을 미칠지 생각합니다. 사진을 보고 특징을 찾아내 추론하는 능력이 길러지죠. 또한 조사 학습이나 모둠 활동을 하며 공동체 의식, 모둠 활동에서 자신의 역할과 리더십을 기릅니다. 과제를 수행하는 능력과 비판적 사고 능력도 자연스럽게 계발됩니다. 마지막으로 친구들 간의 갈등을 효과적으로 해결하는 방법을 익히게 됩니다.

과학은 아이가 주변을 유심히 관찰하는 것에서 시작합니다. 과학적 발견의 가장 기초는 '관찰'입니다. 아이와 함께 주변을 유심히 살펴보는 것에서 과학적 흥미는 시작됩니다. 천문대, 동물원, 과학관, 공룡 전시관 등 다양한 체험학습을 통해 흥미를 유발해주세요. 아이가 직접 실험하고 체험하며 실험을 조절하는 과정을 통해 사고력이 쑥쑥 자라납니다. 과학은 암기보다는 많은 실험을 해보는 경험이 아이의 과학적 탐구력 신장에 도움이됩니다. 시중의 여러 과학 관련 도서 중 직접 해보는 실험이 포함된 책들이있습니다. 만화로 시작해 만화로 끝나는 책 대신에 실험이 많이 포함된 책을 읽어보세요.

☑ 실천해봅시다!

사회과부도를 집에서 함께 보며 우리나라와 세계의 다양한 지역과 지형을익히고 가족 여행을 갈 때 활용해보세요. 사회과부도를 직접 가지고 가서위치가 어딘지 알아보며 지리 감각을 익힐 수도 있습니다. 사회는 아이들이 큰 어려움 없이 배울 수 있는 교과입니다. 하지만 고학년이 되어 역사와정치 부분이 나오게 되면 모두 흥미가 떨어집니다. 사회도 교과서가 가장중요한 학습 도구입니다. 교과서를 직접 읽어보고 관심 있는 부분은 인터넷 검색과 영상을 통해 간접 체험을 해보세요.

과학은 과학책에 나온 실험을 직접 해보세요. 검색 한 번이면 교과서에 나온 실험을 해볼 수 있는 다양한 과학 교구 사이트가 나옵니다. 가격도 비싸지 않습니다. 아이와 함께 해보세요. 과학도 공부하려면 외워야 할 지식이많습니다. 암기보다는 체험이 효과적입니다. 배운 내용도 복습보다는 실험교구를 통해 직접 실험하며 교과서랑 관련 지어보세요. 유튜브에 '재미있는 과학 실험'을 검색하면 수많은 재미난 실험이 있습니다. 또한 실험 관찰은 실험 결과를 서술형으로 쓰게 구성되어 있습니다. 학교에서 배운 내용을 집에서 한 번 더 풀어보세요. 실험과 더불어 정답을 한 번 더 써보는 활동으로 복습을 해보세요.

☑ 주의 사항

사회와 과학은 국어와 달리 전문적인 지식을 많이 포함하는 과목입니다. 학습 순서는 교과서를 학습한 후 문제집으로 넘어가세요. 아이와 책을 1번 읽고 중요한 부분에 연필로 밑줄을 그어보세요. 그리고 두 번째로 읽으며 볼펜으로, 세 번째로 읽으며 형광펜으로 중요한 부분을 표시해보세요. 그리고 중요한 내용을 공책 한쪽에 스스로 요약하는 연습을 해보세요. 아직 사회와 과학을 외우기보다는 읽고 이해하는 수준에서 공부하면 충분합니다. 암기보다 요약하는 습관이 아이가 자라서 더 큰 도움이 됩니다.

그림책과 동화책을 많이 읽은 아이들은 점차 다른 장르의 책에 흥미를 보입니다. 학습 만화, 숨은그림찾기, 웹툰 등 여러 분야에 관심을 보입니다. 아이가 동화책을 무리 없이 잘 읽는 모습을 보면 대견합니다. 그리고 아이에게 전집을 선물로 사줍니다. 출판사별로 나오는 동화책 전집부터 어린이용 세계 명작 시리즈 등 시중에는 다양한 전집이 있습니다.

전집에는 아이가 읽으면 좋은 동화와 위인전, 과학 지식 등이 모두 담겨 있습니다. 아이가 모두 읽는다면 이보다 좋은 교육은 없습니다. 도덕, 국어 공부를 더는 시키지 않아도 됩니다. 하지만 문제는 아이들이 사달라고 졸라서 산 게 아니라는 점입니다. 전집을 구매할 때 부모의 판단과 주변의 권유로 구매하는 경우가 많습니다. 큰돈을 주고 구매한 책을 집에서 아이가 읽지 않는다? 언젠간 책을 읽겠지 하며 여유롭게 기다릴 수 있을까요? 이때부터 아이에 대한 통제적인 독서가 시작됩니다. 일명 강압 독서죠. 부모와 아이 모두 불행해지기 시작합니다.

아이들 입장에서는 그동안 읽고 싶은 책을 한두 권 빌리거나 사서 즐겁게 읽고 있었습니다. 어느 날 갑자기 20권도 넘는 비슷한 책이 책꽂이에 꽂힙니다. 부모의 간절한 느낌이 간접적으로 느껴집니다. 아이는 부담감을 느끼고 독서를 하나의 숙제로 생각하게 됩니다. 책만 보면 가슴이 턱 하고 막히는 느낌이 들죠. 조금씩 눈치도 보입니다. '학원 숙제도 해야 하는데.'라는 생각이 듭니다. 책을 이해하며 읽는 것이 아닌 글자만 읽는 것도 이때쯤 많이 시작됩니다.

전집을 일괄 구매하기 전에 아이의 흥미를 유도해보세요. 도서관이나 서점을 통해 책을 꾸준히 읽으면서 해당 전집을 사고 싶은 마음을 이끌어줄 수 있어요. 전집에 있는 책 중 몇 권을 아이와 함께 읽어보고 아이가 흥미를 보이는 시리즈를 찾아보세요. 아이가 사달라고 조르면 그 시리즈를 구매해주세요. 성인들도 서점에서 훑어보고 책을 삽니다. 집에서 읽다 보면 끝까지 다 읽지 않는 책들이 많습니다. 읽어보지도 않은 책을 주변의 권유로 구매한다면 아이에게 독서 효과가 생길 가능성은 거의 없을 것입니다.

특히 전집 중 '어린이를 위한'이 들어간 책은 조심스럽게 접근할 필요가 있습니다. '어린이를 위한 시리즈'는 문학 작품이나 위인전의 내용을 아이들 수준에 맞추어 각색한 경우가 많습니다. 해당 문학 작품의 의도와 조금 다르게 벗어나는 작품들이 종종 있습니다. '어린이를 위한' 전집 시리즈는 부모가 먼저 읽어보고 주변의 평도 들어본 후 추천해주세요.

요크 대학의 심리학자 레이먼드 마 연구원은 "[인간은] 인간의 두뇌가 경험한 것과 책에서 읽은 것 사이를 잘 구별하지 못한다."라고 이야기합니다. 우리의 뇌는 책을 통해 배운 내용도 실제 체험한 것과 동일하게 인지한다고 합니다. 좋은 책을 많이 읽어야 할 하나의 이유겠죠?

① 가족 독서 시간

아이와 함께 시간을 정해놓고 읽어보세요. 아이가 책 읽기를 싫어하면, "엄마는 지금부터 30분 동안 독서할 거야. 같이 읽어볼까? 같은 책은 읽지 않아도 돼." 라고 말해보세요. 아이가 게임을 하거나 TV를 보는 것은 금물입니다. 부모가 원하는 반응이 나오지 않을 수도 있습니다. 그래도 부모가 책을 펴고 읽어보세요. 아이가 칭얼대거나 말을 걸어도 꾹 참고 책 읽는 모습을 꾸준히 보여주세요. 꾸준히 하다 보면 어느 순간 아이와 함께 독서할 수 있습니다.

책을 다 읽고 난 뒤 책에 관한 내용과 오늘 독서하며 느낀 점에 대해 간단히 이야기를 나눠보세요. 책만 읽고 이야기하는 시간이 없다면 아이가 책을 읽는 척만 하거나 그림만 읽고 다른 생각을 할 수도 있습니다. 가족들이 모두 모여 함께할 수 있는 시간을 이야기한 뒤 날짜와 시간을 정해보세요. 사춘기가 되면 아이가 부모와의 대화를 피할 경우가 많습니다. 어렸을 때부터 만들어놓은 가족 독서 시간을 아이가 중학생, 고등학생이 되어서도 쭉 유지해보세요.

② 가족 독서 게시판

집에서 가족들이 서로에게 메모를 남기거나 알림을 공지하는 메모판이 있습니다. 알림장을 꽂아두거나 사야 할 준비물 등을 적어두는 곳이죠. 메모판 일부를 할애하거나 게시판을 새로 만들어보세요. 가족 독서 메모판은 거실 책장 근처 눈에 잘 띄는 곳에 배치하여 매일 가족이 함께 볼 수 있게 해주세요. 가족 독서 게시판에 각자 읽은 책 중 기억에 남는 책 제목 쓰기, 기억에 남는 문구 쓰기, 독후 활동 결과, 읽고 싶은 책 등을 붙여보세요. 부모가 먼저 아이에게 읽어준 동화책 제목과 기억에 남는 문장을 써보세요. 느낀 점을 간단히 써도 좋아요. 아이도 기억에 남는 내용을 써서 게시판에 붙입니다. 그리고 가족들이 함께 모여 가족 게시판의 내용을 하나씩 짚어보며 다양한 활동을 해보세요. 게시판 활동을 통해 아이에게 자연스럽게 여러 가지 장르의 책을 권해볼 수 있습니다.

③ 가족 독서 신문

부모들이 어렸을 때 가족 신문 만들기는 방학 숙제의 단골 메뉴였습니다. 저녁 식사의 된장찌개 같은 존재죠. 최근에는 가족의 다양한 형태를 존중하기 위해 사라진 숙제입니다. 아이와 함께 가족 독서 신문을 만들어보세요. 제목은 가족의 특성이 드러나도록 정합니다. '책이 좋아요 ○○이네 가족'처럼 독서와 관련된 내용을 포함해보세요. 제목을 정한 뒤에는 각 페이지에 어떤 내용으로 구성할지 큰 틀을 짜보세요.

8절지 또는 A4용지를 이용하여 간단히 시작해주세요. 8절지/A4용지를 네 등분하여 총 네 구역으로 나눕니다. 네 가지 챕터 중 첫 번째는 제목과 가족 소개를 쓰고, 나머지 챕터는 가족들이 한 구역씩 맡아서 각자 독서와 관련된 내용을 채워보세요. 내용은 자신이 읽은 책을 소개하거나 추천하고 싶은 도서, 책을 읽고 여행하고 싶은 곳, 읽고 싶은 책 등 자유롭게 쓰세요.

글을 쓰는 것이 어렵다면 그림이나 동시로 표현할 수도 있습니다. 또는 책에 있는 문장을 옮겨 써도 됩니다.

④ 도서관, 서점 가기

도서관에 아이를 처음 데려가면 아이는 이렇게 말합니다. "책이 너무 많아. 어떻게 해야 돼요?" 당황스럽습니다. 하지만 금세 익숙해집니다. 책을 찾는 법, 이용방법을 하나씩 설명하다 보면 자연스럽게 공공장소를 이용하는 예절을 익히고, 다양한 책 중에서 원하는 책을 스스로 고르는 방법, 책을 정리 정돈하는 방법도 배웁니다. 또한 자기 또래의 친구들이 책을 읽는 모습을 보고 자극을 받기도 합니다. 아이들은 또 "엄마가 책 골라주세요."라고 말하기도 합니다. 독서의 기본은 읽고 싶은 책을 스스로 찾아 읽는 것입니다. 아이가 책을 쉽게 고르지 못한다면 아이가 평소 자주 읽던 장르의 책 코너로 가보세요. 그리고 부모와 아이가 각자 읽을 만한 책을 3권씩 골라 읽어보세요. 부모와 도서관을 이용해 본 아이들이 학교 도서관도 즐겁게 이용합니다.

서점에 가서 아이가 사고 싶어 하는 책이 있다면 물어보세요. "재미있을 것 같아서."라는 대답이 대부분입니다. 구체적으로 질문해보세요. "어떤 부분이 재미있을 것 같아?" "책 속의 누가 마음에 들었어?"와 같은 질문을 통해 책을 스스로 고르는 연습을 시켜주세요. 비싼 책값으로 인해 서점에서 사달라고 해도 도서관 가서 빌려보자고 만류하는 경우도 많이 봅니다. 당연히 모든 책을 사줄 수는 없습니다. 하지만 아이가 정말 원하는 책, 계속 이야기하는 책은 선물로 사주는 것이 독서 흥미를 키우는 데 좋습니다.

⑤ 책을 통해 대화하기(책 모임)

부모들은 아이의 독서 정보를 얻기 위해 카페, 밴드, 주변 지인, 전문가 등에게 여러 조언을 얻고 아이와 함께 많은 활동을 합니다. 일회성 정보가 아닌 지속적인 정보를 공유할 수 있는 곳이 있으면 어떨까요? 최근 일부 뜻있는 학부모들은 '학부모 독서 모임'을 추진하여 독서 공동체를 만들기도 합니다. 활동 방법은 정해진 책을 일주일에 한 권 또는 한 달에 한 권씩 읽고 모여서 감상을 나누는 모임입니다.

책 모임의 다양한 주제들입니다.

> · 각자의 자녀들이 재미있게 읽은 책 소개 및 빌려주기
> · 가정에서 하고 있는 유용한 독서법
> · 책을 통해 아이와 감정을 공유하는 법
> · 책 한 권으로 아이와 활동한 결과물 공유하기

주의할 점은 아이들의 이야기, 학교 이야기, 학원 이야기 등 독서와 관련 없는 이야기는 모임에서 금지해주세요. 책 모임에서는 읽은 책에 관한 대화만 하고 모임 시간이 종료된 후 다른 이야기를 해주세요. 정해진 도서는 때로는 고전 문학이 될 수도 있고 에세이가 될 수도 있지만 아이들이 읽는 도서가 주가 됩니다.

테마 일기로 스트레스를 풀어요

일기 쓰기는 하루 있었던 일을 글로 표현하는 방법입니다. 일기는 특별한 일이 없다면 매일 쓰는 것이 좋습니다. 일기는 그림으로 표현하기, 그림과 글로 표현하기, 독서 일기 쓰기 등 여러 종류가 있습니다. 아이들은 1학년 국어 시간에 그림일기를 배웁니다. 그림일기를 바탕으로 일기 쓰기에 접근해보세요. 그림일기에서 일기로 넘어가 보세요. 분량은 처음에는 1~2줄 정도로 시작해서 나중에는 10줄까지 쓰는 것을 목표로 합니다.

아이들에게 일정 분량대로 글을 써보게 하는 연습은 구체적인 글쓰기에 많은 도움이 됩니다. 3학년 아이들은 늘어난 공부량으로 글쓰기에 다소 흥미가 떨어지기 시작합니다. 따라서 다양한 주제로 일기 쓰는 활동을 통해 글쓰기에 대한 아이의 흥미를 키워주세요.

① 일기 쓰기를 하는 이유

일기 쓰기는 한자리에 오래 앉아 하루를 되돌아보며 글을 쓰게 합니다. 하루의 기억을 되돌아보며 성찰하는 연습을 할 수 있습니다. 자리에 오래 앉아 글쓰기를 함으로써 수업 시간에 차분하게 공부하는 데 도움을 줍니다.

일기는 그날 있었던 일을 생각하며 나에게 있었던 사건의 원인과 결과, 주변과의 관련성, 느낀 점 등을 자연스럽게 씁니다. 일기를 쓰지 않으면 기억에서 잊힐 소중한 기억이 글로 다시 태어납니다. 이는 아이들의 기억력, 논리적 사고 능력과 더불어 글쓰기 능력도 기르는 가장 간단하면서 효과적인 방법입니다.

사람은 누구나 스트레스 해소 방법이 있습니다. 아이들의 경우 재미있는 놀이, 운동, 게임, 부모와의 활동 등 여러 가지 방법을 통해 나름 스트레스를 해소하고 있습니다. 일기 쓰기를 통해서도 스트레스가 해소될 수 있다는 걸 알고 계시나요? 화난 일을 누군가에게 이야기하면서 어느 정도 화가 풀린 경험이 있을 겁니다. 일기 쓰기도 동일합니다. 아이가 화난 일을 일기에 써보며 스트레스도 자연스럽게 풀리고 해결책도 생각하며 반성도 합니다. 부모도 아이의 일기장을 보며 아이의 정서를 살펴볼 수 있습니다. 또한 다양한 책을 통해 자신의 경험을 비추어보고, 스스로 반성하거나 칭찬하다 보면 자연스럽게 정서적 안정과 배려심이 길러집니다.

② 테마별 일기 쓰기

아이가 일기 쓰기에 지쳤나요? 다양한 주제로 일기를 써보세요. 독서, 편지, 초대장, 소개, 교과 일기 등 다양한 주제로 아이의 흥미를 유발해보세요.

독서 일기 쓰기

독서 일기는 독후감과 다르게 형식에 얽매이지 않습니다. 그림이나 책을 읽고 기억에 남는 문장을 옮겨 쓰거나 자기 생각을 간략하게 쓰는 일기입니다. 독서 일기는 시, 편지, 만화, 광고 등 다양한 형태로 표현할 수 있습니다. 아이와 함께하는 활동을 위해 부모가 독서 일기에 독서 Quiz를 내고 아이가 맞춰보는 활동도 할 수 있습니다. 스무고개를 활용할 수도 있죠. 독서 일기는 날짜, 도서명, 저자명을 쓰고 자신이 느낀 생각이나 감정을 간단하게 한 단어나 문장으로 쓸 수 있습니다. 독서 일기 끝부분에는 다음에 읽고 싶은 책의 이름과 장르, 읽고 싶은 날짜나 시간을 써보세요. 독서 일기는 아이들이 독서에 조금 더 관심을 가지는 데 도움이 됩니다.

독서 일기 예시

날짜	도서명	저자명	생각이나 느낌(1~2줄 간단하게)
다음에 읽고 싶은 책은?			
언제 읽을 건가요?			

편지, 초대장 일기 쓰기

부모나 친구에게 쓰고 싶은 내용을 편지로 써보거나 초대하는 일기를 써보는 건 어떨까요? 편지는 여러 가지 목적, 상황 그리고 주고받는 사람과의 관계에 따라 형식과 내용이 달라집니다. 또한 말로 하기 힘든 이야기를 글을 통해 표현할 수 있는 장점이 있습니다. 인간은 태생적으로 사회성을 필요로 합니다. 스마트폰의 발달로 서로 연락을 주고받기는 편해졌지만 아날로그 감성을 통해 교류하는 활동은 아이에게 편지 쓰기의 소중함을 일깨워주는 좋은 기회가 됩니다. 카카오톡 메시지는 오래 보관하지 않지만 손 편지는 오랜 기간 장롱 한쪽을 차지하고 있지 않나요? 편지가 오기를 기다렸다가 우편함에서 꺼내 읽어보는 감성을 아이들도 느껴보는 기회를 주세요. 할머니, 할아버지 혹은 친척, 친구들과 편지 주고받기를 해보세요.

편지는 제일 위에 수신인을 씁니다. 그리고 인사말과 하고 싶은 이야기를 쓰고 끝인사와 보낸 이를 적습니다. 카카오톡이나 문자 메시지에 익숙해진 아이들이기에 손 편지를 쓴 경험이 줄어들고 있습니다. 더불어 감정도 짧은 메시지만큼 단순해지는 것 같아 안타까울 때가 있습니다. 손 편지 쓰기는 한 글자씩 적어가며 정성스럽게 글을 쓰는 연습이 됩니다. 누군가에게 주는 선물이기 때문에 글씨를 또박또박 쓰는 연습도 됩니다.

초대장은 아이의 생일에 초대하는 편지를 쓸 때 활용할 수 있습니다. 친구의 이름을 쓰고 생일 파티 날짜와 메시지를 함께 쓴 뒤 자신의 이름을 적습니다. 초대하는 메시지를 쓸 때 아이들은 많은 고민을 합니다. 함께 멋진 말을 고민해서 써보세요. 초대장은 제일 위에 받는 사람을 쓰고, 초대하는 내용, 제일 밑에 보내는 사람을 씁니다. 예쁜 편지지 고르기에서 편지 접는 법, 전해주는 방법까지 아이가 정할 기회를 주세요.

장난감 조립 방법 등 관심 분야를 소개하는 글쓰기
아이들은 저마다의 생김새, 언어 습관, 행동, 관심 분야가 모두 다릅니다. 아이가 좋아하는 분야와 관련 지어 글쓰기를 해보세요. 아이가 장난감 조립에 관심이 있다면 장난감 조립 순서를 글로 써보는 건 어떨까요? 인형 놀이, 친구 소개, 놀이 등에 관심을 보이면 인형 놀이를 하는 방법, 내 친구 소개하는 글쓰기, 놀이 방법 및 규칙을 소개하는 글쓰기를 해볼 수 있습니다. 또한 학습 만화에 흥미를 보이는 아이들에게 책에서 본 지식을 소개하는 글쓰기를 시키면 멋진 글로 완성해내는 모습도 볼 수 있습니다.

교과 일기

교과 일기는 학교에서 배운 내용을 일기로 써보는 활동입니다. 수학 시간에 분수에 관해 배웠다면 분수를 통한 짧은 일기를 씁니다. 예를 들자면 "피자를 나누어 먹었는데 엄마, 아빠, 내가 1/3씩 먹었더니 피자가 모두 사라졌다. 분수는 참 신기한 것 같다."처럼 1~2문장씩 표현해보세요. 아이들이 배운 내용을 자연스럽게 복습하는 기회를 가지게 됩니다. 수학뿐만 아니라 국어와 사회, 과학에서도 활용할 수 있습니다. 국어에서 배운 시를 다시 한번 써보거나, 사회 시간에 친구들과 모둠 활동을 하며 나누었던 대화와 배운 내용, 과학 시간에 배운 신기한 과학 이야기를 상상해서 써볼 수도 있습니다.

관찰 일기

아이가 자람에 따라 감정을 표현하는 단어와 문장에 차츰 익숙해집니다. 익숙해진 감정을 다양한 글쓰기로 표현해보세요. 아이의 관찰력을 기르기 위해 날씨를 구체적으로 표현해보세요. 날씨를 쓰려면 작은 것 하나도 놓치지 말아야 합니다. 바람에 떨어지는 낙엽, 구름, 해, 공기의 느낌 등 관찰할 수 있는 것들이 많습니다. 또한 동물원에 가서 가장 좋아하는 동물을 정해 관찰 일기를 쓸 수도 있습니다. 관찰한 내용을 글로 표현하면서 아이의 생각과 마음을 함께 써보세요. 자세히 관찰한 글을 가족 앞에서 낭송하거나, 친가나 외가에 놀러 갔을 때 조부모님께 선물해보세요.

가족 사랑 일기

가족 사랑 글쓰기를 아시나요? 가족이 다 함께 돌아가며 쓰는 일기입니다. 공책을 한 권 사서 일주일에 1번씩 엄마, 아빠, 아이 순서대로 서로에게 하고 싶은 말, 책을 읽고 기억에 남는 부분, 하루 일기 등 자유롭게 글을 씁니다. 보통 바라는 점이나 질문을 많이 쓰기도 합니다. 일기를 쓰고 다음 사람에게 넘겨주고 함께 읽어보세요. 질문에 대한 대답은 대화가 아닌 글쓰기로 해주세요.

추천 주제 10가지

아이와 함께 글쓰기를 할 때 활용할 수 있는 10가지 주제입니다. 반복적인 글쓰기에 지친 아이들에게 새로운 주제로 접근하는 재미를 느껴보게 해보세요.

---

1 가족이나 친구 소개하는 글쓰기

2 친구와의 놀이, 부모님과의 놀이 등 놀이 활동 일기 쓰기

3 읽은 책의 내용 중 기억에 남는 부분과 내 생각 써보기

4 내가 좋아하는 음식, 엄마의 음식, 내가 만든 음식 등 음식 글쓰기

5 궁금한 내용 모두 모아 쓰는 호기심 일기

6 내가 하고 싶은 일, 꼭 갖고 싶은 것을 써보는 소원 일기

---

7 영화, TV 보고 난 후 감상문 쓰기

8 내가 잘하는(좋아하는) 것 다섯 가지 써보기

9 내가 만약 대통령이 된다면? 내가 만약 하늘을 날 수 있다면? 같은 만약 일기
  – 길에서 5,000원 줍기, 강아지라면, 투명 인간이라면, 엄마(아빠)가 된다면

10 하루 중 감사했던 일 한 가지씩 써보는 감사 일기

학습 부진, 산만함, 이해력 부족을 겪는 아이들의 공통적인 특징을 아시나요? 읽기 능력이 부족하다는 것입니다. 읽기 능력은 초등학교 3학년 시기에 본격적으로 형성되기 시작하여 6학년에 완성됩니다. 부모들은 아이의 학습 능력이 부족하면 보습 학원에 보냅니다. 학원에서 열심히 공부해 성적이 오릅니다. 하지만 읽기 능력은 그대로입니다. 글을 읽고 이해하는 법은 배우지 못합니다. 읽고 이해하는 능력이 부족하면 어떤 일이 생길까요? 초등학생 시기에 글을 이해하는 법을 익히지 못한 아이들이 자라면 어떨까요?

최근 읽기는 하지만 이해하진 못하는 아이들이 늘어나고 있습니다. 책을 읽지만 이해하진 못한 채 글씨만 읽습니다. 어휘의 뜻, 앞뒤 문장의 연관성, 내용을 이해하는 데 어려움을 겪습니다. 읽고 기억하지 못하는 경우도 많습니다. 앉아서 책을 계속 읽고 공부는 계속하지만, 머릿속에는 남지 않습니다. 이 아이들은 책을 읽고 난 후 자신이 모르는 것, 궁금한 것이 무엇인지 모르기도 합니다. 다음 진단표를 확인해보세요. 그리고 결과에 따라 아이와 함께 활동해보세요.

읽기 능력 진단표

질문	O/X
1. 책을 소리 내어 읽을 때 더듬더듬 읽는다.	
2. 책 읽는 속도가 또래에 비해 느리다.	
3. 읽은 책의 내용을 물어보면 대답을 못 한다.	
4. 좋아하는 책의 장르가 만화책(학습 만화 포함) 종류이다.	
5. 도서관/서점에서 스스로 읽을 책을 쉽게 고르지 못한다.	
6. 수업 시간에 산만하며 손에 무언가를 만지작거린다.	
7. 혼자 공부할 때 무엇을 어떻게 해야 할지 모른다.	
8. 교과서에서 중요한 부분을 찾지 못한다.	
9. 공부하는 시간에 비해 성적 향상이 느리다.	
10. 책을 끝까지 읽지 못하는 경우가 많다.	

☑ 0~3개: 읽기 능력이 우수합니다. 평소 책 읽는 습관, 대화하는 습관을 꾸준히 유지하세요.

☑ 4~5개: 읽기 능력에 관한 부모의 관심이 필요합니다. 사랑과 관심으로 다양한 책 읽기 활동을 해보세요. 독서 습관 파트에 집중해보세요. 아이의 현재 학년과 상관없이 1학년부터 차근차근 단계를 밟아보세요.

☑ 6개 이상: 아이의 읽기 능력이 또래보다 현저히 부족할 가능성이 큽니다. 현재보다 낮은 수준의 다양한 독후 활동을 해보세요. 글쓰기 파트에 집중해보세요. 아이의 현재 학년과 상관없이 1학년부터 차근차근 단계를 밟아보세요.

초등학생은 학원을 멀리까지 다녀야 할까요? 집과 가까운 학원이 좋습니다. 학원 옮겨 다니는 시간에 하는 게임, 지루함이 아이를 지배합니다. 오랜 이동 시간으로 밥을 먹기 힘들 때도 많습니다. 편의점에서 끼니를 때우기도 하죠. 학원이 쭉 이어진다면 학원 하나를 끝마친 후 집에서 스스로 밥을 챙겨 먹고 다른 학원으로 이동하게 해주세요. 유명한 대형 학원보다는 아이가 학교 끝나고 학원에 가서 공부한 뒤 집에 와서 복습과 독서를 하는 편이 좋을 수도 있습니다. 학원 고를 때 주의할 점 네 가지를 소개해 드립니다.

① 아이의 수준에 맞는 개별화가 가능한 학원

친한 엄마들 사이에 입소문이 난 많은 학원이 있습니다. 잘 가르치거나 공부를 많이 시키는 학원이 있습니다. 숙제를 많이 내거나 다니고 나서 아이가 성적이 올랐다는 등 여러 가지 이유가 있습니다. 또한 대형 학원의 새로운 지점이 우리 동네에 생기면 눈길이 갑니다. 우리 아이는 3학년 수학을 겨우 따라가는데, 옆집 아이는 벌써 5학년 수학을 선행하고 있다면 마음

편히 있는 부모는 거의 없을 것입니다. 학원은 학교에서 배운 내용 중 이해가 되지 않는 부분을 보충하는 곳입니다.

지금 학교에서 배우는 내용을 힘들어하는 아이가 선행 학습을 한다면 얼마나 많은 지식을 습득할 수 있을까요? 만약 아이가 이미 다 알고 있는 내용만 반복하면 흥미를 보일까요? 따라서 초등학생 시기에는 소규모 그룹 학원으로 모르는 문제를 되짚어볼 수 있는 학원이 좋습니다. 공부방이나 소규모 과외 그룹을 활용한 학습도 효과적입니다.

② 친구 따라 학원 가면 안 돼요

아이들은 친한 친구가 다니는 학원에 다니고 싶어 합니다. 아이의 뜻을 존중해주는 것도 필요하지만 아이가 그 학원에 다니고 싶어 하는 이유를 물어보세요. "친구가 다녀서요." 외에 특별한 이유가 있나요? 친구 따라 학원 보내는 것은 최대한 자제해주세요. 지나치게 친한 친구와 학원에 다니다 보면 수업 집중력, 이해력이 떨어지는 경우도 많습니다. 친구 관계는 걱정하지 마세요. 새로운 학원에 다니게 되면 친구 관계는 새롭게 형성되며 자연스레 사회성도 길러집니다.

③ 잠시만이라도 쉬게 해주세요

많은 부모가 필수 과제인 것처럼 학교 방과 후 학원 스케줄을 빼곡히 채워 아이들을 다람쥐 쳇바퀴 굴리는 모습을 많이 봅니다. 심지어 아침 8시 30분에 집을 나와서 오후 9시가 넘어서야 집에 들어가는 경우도 많이 봅니다. 중간에 집에 와서 저녁을 먹는 아이도 있지만 많은 아이가 편의점에서 저녁을 해결합니다. 아이들의 뇌를 쉬게 하고 정서적 안정을 만들어줄 시간이 필요합니다. 아이가 공부는 잘해도 인성이 올바르게 자라지 못하면 부모로서 마음 아픈 일이 될 것입니다. 최소 저녁 1~2시간은 가족과 밥상 머리를 함께할 수 있는 시간을 가지세요.

④ 아이에게 혼자 공부하는 시간을 확보해주세요

학원을 여러 군데 다니다 보면 스스로 학습하는 시간이 많이 부족합니다. 학원에 다녀오면 10분씩 복습하는 시간을 가져보세요. 귀찮고 힘든 일이지만 습관이 되도록 노력해보세요. 새로운 내용을 푸는 것이 아닌, 배운 내용을 한 번 읽어보면 됩니다. 복습 후 이해하지 못한 내용은 다음에 학교, 학원에 가서 질문하는 습관을 가지게 해보세요. 10분 복습 이외에 스스로 하는 독서와 공부하는 시간이 하루에 최소 30분 이상 필요합니다. 아이 스스로 공부하는 시간을 가질 때 아이의 학습 습관이 올바르게 형성됩니다.

PART 5

초등학교 4학년,
자아 효능감이 필요하다

생활 습관
학습 계획표를 세워 목표를 달성해요

4학년이 되면 학습 계획표를 직접 세워 실천해보세요. 아이들이 학습에 조금 버거워하기 시작하는 시기입니다. 매주 해야 할 공부 목표를 정하고 매일 일정량의 공부를 직접 해보는 경험이 필요합니다. 처음부터 지나치게 많은 목표 설정보다는 아이와 함께 이야기해서 사소한 것부터 시작해보세요. 목표는 하루, 일주일, 한 달 단위로 설정해보세요.

기본적인 하루 계획을 세워 일주일 동안 실천해보세요. 모두 실천했다면 아이들이 원하는 보상을 제공해주세요. 휴대폰을 사준다거나 가지고 싶은 게임기를 사준다는 것보다는 소소한 보상으로 아이가 행복감을 느끼게 해주세요. 소소한 보상에는 함께 놀이공원 가기, 좋아하는 음식 먹기, 학습 1회 면제권, 청소 면제권 등을 활용해보세요. 보상은 일주일 내로 실현할 수 있는 것으로 해야 효과가 좋습니다.

계획표는 아이가 할 수 있는 만큼 정하는 것이 중요합니다. 계획이 실천되지 않는다면 아이가 계획을 무의미한 것으로 생각할 수 있습니다. 계획은 최소 3개월 이상 지속해보세요. 한두 번 해보고 포기하면 안 됩니다. 아이들은 생활 계획표를 세울 때 시간대별로 계획을 세우는 경우가 많습니다. 시간대별 계획은 어른도 지키기 힘듭니다. 하루에 해야 할 목표량을 제시해주세요. 아이가 학습을 스스로 조절하는 연습이 됩니다.

☑ 왜 해야 하나요?

계획을 짜는 이유는 아이들에게 작은 성공 경험을 주어 '자아 효능감'을 높이기 위해서입니다. 자아 효능감이 높은 아이들이 새로운 학습 내용이나 어려운 문제에 적극적으로 도전한다는 사실은 여러 연구를 통해 입증되었습니다. 처음 만드는 계획표는 모두 실천 가능한 수준의 간단한 계획으로 설정해보세요. 간혹 지키기 힘든 수준의 계획을 짠다면 대화를 통해 지킬 수 있는 수준의 목표로 변경해보세요. 계획이 실패하는 경험은 아이의 학습 동기를 저해할 수 있습니다. 만약 계획표대로 생활하지 못한다면 '목표 재설정'을 해보세요. 3~4번 반복하는 과정을 통해 자신에게 꼭 맞는 계획표를 세울 수 있습니다.

☑ 어떻게 해야 하나요?

① 일일 계획표 세우기

아이와 함께 일일 목표를 세워보세요. 일일 목표는 학습뿐만 아니라 줄넘기, 칭찬하는 말 5번 이상 하기 등 쉽게 할 수 있는 것부터 시작해보세요. 처음에는 하루에 1개씩 시작해보세요. 그리고 차츰 2개, 3개로 조금씩 늘려보세요. 아이가 생활 계획표를 잘 실천하고 있는지 확인해주세요. 아이가 그날의 목표를 완수하지 못할 수도 있습니다. "혹시 못 한 이유가 따로 있어?" "오늘 못 한 건 어떻게 할까?"와 같이 스스로 해결할 수 있는 기회를 제공해보세요. 아이들은 대부분 다음날 완료하겠다고 이야기할 것입니다.

② 주간 계획표 세우기

주간 계획표는 일일 계획표를 확장하여 큰 틀에서 짜보세요. 조금 더 구체적인 목표를 세워 실행합니다. 지킬 수 있는 내용을 정해 아이의 자신감을 높여주세요. 주간 계획표를 짜는 방법은 공부 목표와 생활 목표로 짜는 방법과 교과별로 짜는 방법이 있습니다. 아이와 함께 더 흥미 있는 계획표를 선택해 실행해보세요.

공부 목표와 생활 목표

	공부 목표	생활 목표	잘 지켰나요?
월	수학 익힘 72쪽 풀기	줄넘기 100회 하기	
화	책 읽고 기억에 남는 구절 적기	스마트폰 1시간만 쓰기	
수	사회 교과서 1단원 읽기	감사 표현 10번 하기	
목	「아름다운 아이 줄리안」 읽기	TV 안 보는 날	
금	공부한 내용 공책에 정리하기	음식 함께 만들기	
토	가족 여행 다녀와서 감상문 쓰기	9시 전에 일어나기	
일	독서 일기 쓰기	밖에서 운동 1시간 하기	

교과별

주간 계획표					
과목	10/13	10/14	10/15	10/16	10/17	10/18
국어	책 1권 읽기			책 읽고 한 줄 소감 쓰기		

수학		수학 익힘 다시 풀기				문제집 3쪽 풀기
사회			신문 읽기		교과서 공책 정리	
과학				교과서 공책 정리		과학 도서 읽기
영어		단어 10개 외우기				
체육	줄넘기 100개				줄넘기 150개	
음악		리코더 연습하기		피아노 연습하기		
미술			정물화 그리기			

③ 월간 계획표 세우기

월간 목표에는 한 달 동안 공부할 책, 문제집, 태권도, 스마트폰 사용 시간, 가족 여행 등 전체적인 내용과 더불어 목표를 함께 써보세요. 보통 열 가지 내외로 정하는 것이 좋습니다. 부모의 의견을 반영한 다섯 가지, 아이의 의견을 반영한 다섯 가지를 합쳐 정해보세요. 여자아이들은 운동을 꼭 넣어 운동 습관을 길러주세요. 남자아이들은 게임에 관한 내용을 넣어 자기 통제력을 길러주세요.

5월의 목표	
1. 책 10권 이상 읽기	6. 독서 일기 5편 쓰기
2. 스마트폰 하루에 1시간만 사용하기	7. 운동 꾸준히 하기
3. 수학 문제집 3단원 풀기	8. 감사 표현 많이 하기
4. 줄넘기 하루에 50개씩 하기	9. 가족 독서 신문 만들기
5. 배운 내용 공책에 정리하기	10. 바른말 사용하기

☑ 실천해봅시다!

계획표를 처음 세울 때는 부모님의 도움이 필요합니다. 첫 계획표는 실천할 수 있게 세워보세요. 시간대별로 편성하는 계획은 계획을 위한 계획으로 끝나는 경우가 많습니다. 보통 완벽주의 성향이 있는 아이들이 많이 선택하는 방법입니다. 이 방법은 아이들에게 심리적 압박과 스트레스를 줍니다. 반대로 계획을 지키지 않는 것에 무뎌질 수도 있습니다. 물론 중학교, 고등학교에서는 시간대별 학습 계획표가 필수적이지만, 4학년은 계획표의 필요성을 깨닫는 시기입니다. 구체적이고 즐겁게 할 수 있도록 공부 목표와 생활 목표를 함께 써보세요. 매일 계획표를 보며 생활하는 습관은 아이의 책임감을 길러줄 수 있습니다.

계획표를 직접 세워보고 실행하는 과정에서 목표를 달성하지 못하거나 변동이 생기는 경우가 있습니다. 피드백을 통해 앞으로의 계획을 함께 의논해보세요. 월요일과 화요일의 공부 목표를 달성하지 못해서 수요일에 모두 실행하는 경우도 많습니다. 다그치기보다는 아이가 책임감 있게 수행한 점을 칭찬해주세요.

4학년부터 학부모 공개 수업에 참여하는 부모의 수가 저학년에 비해 현저히 떨어집니다. 하지만 아이의 학습 태도를 알고 싶다면 학부모 공개 수업은 좋은 기회입니다. 참관하면 아이들의 분위기를 어느 정도 알 수 있습니다. 간혹 연기하는 아이도 있지만, 사소한 행동 하나에서 평소 모습이 드러납니다. 아이들은 사춘기가 되면 집중력 저하, 발표력 감소, 학습 의욕 저하 등으로 점점 학습에 관심이 떨어지기 시작합니다. 요즘은 4학년 2학기에 사춘기가 시작되는 아이들도 많습니다. 물론 저학년 때는 놀면서 공부해도 충분했지만, 4학년이 되면 지식적인 부분이 많이 나오는 원인도 있습니다.

4학년이 되어 많아진 학습량에 지쳐 학습을 포기하려고 하는 아이들이 많이 생겨납니다. "너무 어려워서 못하겠어요." "수학은 쓸모없는 것 같아요." "외울게 너무 많아요." "공부는 재미없어요." 등 여러 이야기를 합니다. 아이들은 복습을 싫어합니다. 한 번 들으면 아는 것이라 착각하기 때문이죠. 배운 내용을 또 배운다는 사실은 아이의 흥미를 떨어뜨립니다. 하지만 한 번 배웠다고 모든 내용을 알 수는 없습니다. 아이에게 학습 내용을 질문해보세요.

5개 중 2~3개는 헷갈립니다. 꾸준한 복습은 5개 중 5개 모두를 기억하는 데 큰 도움을 줄 수 있습니다.

☑ 복습을 하는 이유

아이들은 새로운 것을 배우는 데 큰 흥미를 보입니다. 항상 새로운 것, 신기한 것에 흥미를 많이 보입니다. 처음 본 물건, 처음 배운 신기한 내용에 관심을 가지죠. 4학년은 지식의 양이 상대적으로 많아집니다. 복습하지 않으면 배운 것을 모두 기억할 수 없습니다. 4차 산업혁명의 흐름에서 교과서에 있는 지식은 이미 죽은 지식이라고들 말합니다. 하지만 새로운 지식도 기존의 지식이 있기에 발견될 수 있습니다. 지식의 생성 과정을 체험해 본 아이들이 지식을 창조하고 받아들일 수 있습니다. 따라서 아이들도 기존의 지식을 학습하고 지식이 변화하는 과정과 생성되는 과정을 습득해야 합니다. 이를 위해서는 교과서의 지식을 온전히 이해하는 것이 반드시 선행해야 합니다. 이해를 못 하면 계속 반복을 통해 이해하는 연습을 해야 합니다.

도덕 시간의 주제가 사회 교과에 반복되고, 창의적 체험활동 시간에 중복되는 내용이 나올 때가 있습니다. 또한 수학 교과에서 선행 개념과 후행 개념이 있습니다. 아이들에게 "1학기 때 배운 내용이지?"라고 물어보면 아이들은 "언제 배웠어요?"라고 답합니다. 학습에서의 망각은 자연스러운 과정이지만, 교과서를 읽고 복습하는 아이들은 예전에 배운 내용이라고 기억해냅니다. 3학년 때 배운 내용이라고 말이죠.

복습이 좋은 점은 아이가 자신이 아는 것과 모르는 것을 구별할 수 있게 된다는 점입니다. 이를 '메타인지'라고 부릅니다. '메타인지'란 내가 아는 것과 모르는 것을 구별할 수 있는 것입니다. 학습 계획을 스스로 세우고, 지식을 습득하는 효율적인 방법을 스스로 터득하게 됩니다. 나의 지식은 다른 사람에게도 설명할 수 있는 지식입니다. 메타인지 능력이 낮은 아이들은 지식을 앞뒤 문맥 없이 무작정 외웁니다. 분절된 지식이므로 머릿속에서 금방 잊혀집니다. 알고 있지만 논리적으로 설명하지 못합니다. 반대로 메타인지 능력이 높은 아이들은 자신이 배운 지식을 자신이 알고 있는 것과 관련지어 관계를 짓습니다. 분절된 지식이 아닌 관계된 지식으로 새롭게 창조하는 것이죠. 결국 자신의 지식 안에 포함시켜 새로운 지식을 포함한 이야기가 만들어집니다. 메타인지 능력이 높은 아이들은 집에서 부모님께 자신이 배운 내용을 설명하는 기회를 가진다고 합니다. 아이와 서로 가르치는 기회를 가져보세요. 동생이 있다면 동생을 가르치는 경험을 해보는 것도 좋은 방법입니다.

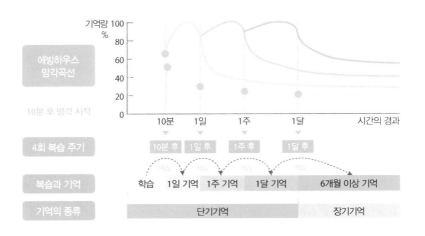

에빙하우스의 망각 곡선에 따르면, 그날 배운 내용은 10분 후부터 기억 속에서 잊혀지기 시작한다고 합니다. 따라서 10분 후, 1일 후, 1주 후, 1달 후 총 4번의 복습이 이루어져야 뇌의 장기 기억에 남을 수 있다고 이야기합니다. 아이들이 배운 내용을 공책 정리로 자연스럽게 복습해보세요. 학교와 학원에서 배운 내용을 아이 나름대로 요약해서 공책에 정리해보세요. 그러면 1차 복습이 끝납니다. 아직 남은 3번의 복습은 요약한 공책을 통해 스토리를 떠올려보는 것으로 마무리합니다. 공책을 다시 한번 살펴보는 것도 좋아요. 복습에는 오랜 시간이 필요하지 않습니다. 10분이면 됩니다.

요약한 노트를 통해 배운 내용 전체의 흐름을 떠올리는 연습을 꾸준히 해보세요. 중학교, 고등학교 시기의 방대한 학습량에 위축되지 않고 학습 내용을 스스로 유목화할 수 있습니다. 유목화된 지식은 아이의 머릿속에도 효율적으로 입력됩니다. 처음에는 공책과 교과서를 함께 보며 복습하고 차츰 익숙해지면 공책에 쓰여있는 짧은 요약 내용으로 교과서 전체 내용을 말하는 연습을 해보세요. 두꺼운 책도 결국 얇은 공책에 모두 정리하여 머릿속 기억에 남길 수 있습니다. 결국 하나의 큰 스토리로 만들어냅니다.

☑ 복습하는 법

과목별 공책을 만들어보세요. 수업 시간에 배우는 내용을 아이가 필기할 수 있는 연습이 됩니다. 수업 시간 중 중요한 내용은 책이나 공책에 받아적는 것도 좋은 방법입니다. 공책 정리를 하는 아이와 하지 않는 아이는 공부량이 늘어날 때 극명한 차이를 보입니다. 학교에서 따로 공책을 만들지 않더라도 교과별 공책을 만들어 학교 수업 시간에 활용해보세요. 필기를 하면 수업 집중력도 높아집니다.

올바른 필기 방법
1. 수업 시작 전 교과서와 공책을 펴놓고 날짜, 페이지, 학습 목표를 적는다.
2. 배운 내용을 그대로 적지 않고 핵심 단어를 생각해 본다.
3. 핵심 단어를 토대로 배운 내용을 간략하게 요약한다.
4. 자신만의 표현 방법으로 다양하게 공책 정리를 한다.

수업 중 필기하기

과목	사회
단원 학습내용 정리범위	2. 통일한국의 미래와 지구촌의 평화 — 지구촌의 평화와 발전 지구촌 갈등해결을 위한 국제기구와 국가들의 노력을 조사해봅시다. 123쪽 ~128쪽 , 132쪽
UN	1945년 설립된 국제 연합. 지구촌의 평화유지, 전쟁방지, 국제 협력하는 단체이다.
유네스코	교육, 과학, 문화 분야 등에서 다양한 국제교류를 한다.
국제원자력기구	원자력에너지를 평화롭고 안전한 방법으로 이용 노력한다.
유엔 난민기구	전쟁으로 살 곳을 잃은 난민들을 돕는다
국제노동기구	전세계의 노동문제를 다루는 곳
산하전문기구	
그 외에도	국경없는 의사회 , 그린피스 , 세이브 더 칠드런 , 해비타트 등등

다음은 널리 알려진 코넬 노트 정리법을 활용한 공책 정리 방법입니다. 노트 정리의 기본은 단원, 학습 내용을 적는 것입니다. 그리고 핵심 내용을 뽑아내 왼편에 기록하고 관련된 내용을 정리합니다. 수학도 동일합니다. 교과서에 있는 문제를 그림으로 표현하고 풀이 과정을 쓴 뒤 연습 문제를 풀어봅니다. 해당 문제와 관련된 공식이나 깨닫게 된 점을 마지막에 기록

합니다. 더 알고 싶은 점, 느낀 점을 기록하고 마인드맵이나 그림을 활용하여 요약하는 활동도 해보세요. 단원이 끝날 때는 단원별 핵심 내용을 한 쪽으로 정리해보는 활동도 유익합니다.

9월 3일	복습 ♥♥♥
단원	(1) 분수의 나눗셈
정리범위	16쪽~18쪽,
학습내용	자연수 나누기 분수를 알아볼까요
문제 1	슬기네 반 아이들이 조개 6kg을 캐는데 $\frac{2}{3}$ 시간이 걸렸다. 1시간 동안 캘수있는 조개는 얼마일까요

6kg $\frac{2}{3}$

$0 \quad \frac{2}{3} \quad 1 \qquad 0 \quad \frac{1}{3} \quad \frac{2}{3} \quad \frac{3}{3} \quad 1$

풀이과정 / 연습문제:

식: $6 \div \frac{2}{3} = (6 \div 2) \times 3$ 이므로 (자연수 ÷ 분자) × 분모 = 9

$8 \div \frac{2}{3} = (8 \div 2) \times 3 = 12$ $15 \div \frac{5}{6} = (15 \div 5) \times 6 = 18$

$4 \div \frac{2}{3} = (4 \div 2) \times 3 = 6$ $18 \div \frac{6}{6} = (8 \div 4) \times 6 = 12$

핵심: (자연수 ÷ 분자) × 분모 = 몫

아이와 함께 노트 정리를 연습해보세요. 노트 정리는 대부분 학교에서 다양한 형태로 실행하고 있습니다. 아이들이 정말 싫어하는 활동 중 하나입니다. 하지만 배운 내용을 스스로 요약할 수 없는 아이는 배운 내용을 금방 잊어버립니다. 배운 지식이 정리되어 뇌에 기억되는 것이 아닌, 배운 내용에 대한 느낌과 몇 단어만 기억에 남아있기 때문입니다. 개념 몇 가지만 어렴풋하게 머리에 남습니다.

집에서는 교과목 1개를 정해 시작해보세요. 학교 진도에 맞추어 아이가 직접 풀어보고, 부모가 채점해주세요. 틀린 내용을 공책에 문제와 그림까지 모두 옮겨 적어보세요. 문제를 다시 풀고 채점해주세요. 수학 문제를 그대로 옮겨 적는 것 대신 문제를 오려 붙이는 방법도 있습니다. 하지만 공부는 정성이 반입니다. 아이가 문장 이해력이 부족해 문제를 이해하지 못했다면 다시 옮겨 적는 과정에서 자연스럽게 이해력도 길러지며 문제를 다시 한번 깊게 읽어보는 기회가 됩니다.

복습할 때 소리 내어 노트 정리를 하는 습관을 들여 보세요. 조선 시대를 배경으로 한 TV 드라마 사극에서 다 함께 모여 공부하는 모습이 기억나시나요? 다 같이 "하늘 천 따 지 검을 현 누를 황…"을 줄줄이 외웁니다. 선배가 후배와 함께 학습하고, 외우고, 쓰임을 논했던 모습입니다. 최근 교육과는 사뭇 다른 모습입니다. 반복하면 발음이 좋아지고 읽기에 자신감도 생깁니다. 학교 친구들 앞에서 발표하거나 토의하고 토론할 때 긍정적인 영향을 미칩니다. 또한 정리한 내용을 계속 읽다 보면 의미군별로 끊어 읽는 능력도 길러집니다.

☑ 주의 사항

지나친 선행 학습은 아이의 복습에 좋지 않은 영향을 미치기도 합니다. 수업 시간 집중력이 떨어지고 다른 행동을 하기도 합니다. 수학 시간에 설명을 듣지 않고 먼저 푸는 아이도 있습니다. 선행 학습을 많이 하면 4학년부터 학교 수업이 재미가 없어집니다. 비록 아는 내용이라도 선생님 설명을 열심히 듣는 연습은 꼭 필요합니다. 미리 배우는 것도 중요하지만 학교 수업을 열심히 듣도록 아이에게 꾸준히 이야기해주세요.

오답 노트는 직접 손으로 쓰게 해주세요. 부모의 생각보다 아이들은 글씨를 오래 쓰지 못합니다. 처음에는 지치고 힘들지만, 이 과정이 익숙해진 아이들은 공부에 자신감을 갖게 됩니다. 공책 정리나 긴 글을 쓰는데도 부담이 없습니다. 또한 아이들 입장에서는 수학 문제를 최대한 많이 맞아야 오답 노트에 쓸 내용이 줄어듭니다. 문제를 풀 때 검산하는 습관이 저절로 생기며 문제 풀이 집중력도 높아집니다. 수학 익힘책을 2번 풀어보면 풀어봤던 문제이기 때문에 수학에 대한 자신감도 기를 수 있게 됩니다.

수학 오답 노트를 이미 쓰고 있다면 사회 노트나 과학 노트로 복습을 할 수 있습니다. 국어 노트는 권장하지 않습니다. 국어 노트를 만들 시간에 다양한 동화책이나 아이가 흥미를 보이는 책을 읽는 것이 아이들의 성장에 큰 도움이 되기 때문입니다. 사회 노트나 과학 노트는 배운 내용을 요약해 그림과 함께 표현하는 연습을 시켜보세요.

4학년은 주변 사람들에게 쉽게 영향을 받는 시기입니다. 위인전을 읽고 배운 내용을 자신의 행동으로 바꿀 수 있습니다. 아이와 함께 다양한 위인전 시리즈를 읽어보고 가장 좋아하는 종류의 시리즈를 사서 읽는다면 아이가 많은 것을 보고 배우는 기회가 될 수 있습니다.

위인전을 읽기 좋은 시기이지만, 독서에 부정적인 태도를 보이거나 흥미를 잃은 아이들도 있습니다. 아이의 독서 흥미를 어떻게 되돌릴 수 있을까요?

아이들과 버츄 프로젝트(Virtue Project)를 해보세요. 버츄 프로젝트란 태어날 때부터 나쁜 아이는 없다는 생각에서 시작된 프로젝트입니다. 아이들의 마음속에는 모두 52개의 가공되지 않은 보석이 있다고 합니다. 버츄 프로젝트를 통해 아이들의 마음 보석을 세공하여 멋진 보석으로 자라날 수 있다는 내용입니다. 집에서 할 수 있는 두 가지 활동이 있습니다.

우선, 미덕 나무를 만들어보세요. 가족이 함께 큰 나무를 그린 후 52가지 미덕 열매를 직접 그리고 잘라서 붙여보세요. 가족 게시판에 전시하여 항상 마음에 되새기는 기회를 가져보세요. 다음으로 미덕 글쓰기 활동을 자녀와 함께 해보세요. 미덕 글쓰기는 52가지의 미덕 중 한 가지를 정해 자신의 경험 혹은 앞으로 하고 싶은 일에 관하여 쓰는 활동입니다. 미덕 글쓰기는 사춘기로 힘든 아이에게 올바른 가치관 형성과 독서 습관 두 마리 토끼를 모두 잡을 수 있게 해줍니다.

52가지 미덕

감사, 결의, 겸손, 관용, 근면, 기뻐함, 기지, 끈기, 너그러움, 도움, 명예, 목적의식, 믿음직함, 배려, 봉사, 사랑, 사려, 상냥함, 소신, 신뢰, 신용, 열정, 예의, 용기, 용서, 우의, 유연성, 이상 품기, 이해, 인내, 인정, 자율, 절도, 정돈, 정의로움, 정직, 존중, 중용, 진실함, 창의성, 책임감, 청결, 초연, 충직, 친절, 탁월함, 평온함, 한결같음, 헌신, 협동, 화합, 확신

미덕 글쓰기 예시

미덕: 기지

4학년: 임○○

가끔 애들이랑 이야기 나눌 때 '기지'의 뜻 중 하나처럼 진실을 말하되 상대방의 심정을 고려하여 그것을 친절하게 부드럽게 표현하지 않은 적이 있다. 하얀 거짓말(선의의 거짓말)을 하는 경우가 많은데 이걸로 오해가 생겨서 싸우는 일이 많이 생기는 것 같다. 어제도 내가 현아에게 "너 오늘 입은 옷 예쁘다. 어디서

샀어?"라고 한 말이 큰 오해를 불러일으켰다. 현아는 자기 옷이 마음에 안 들어서 내가 뒷담화를 한 거로 오해를 했다. 그래서 내가 어떤 말을 하기 전에 한 번 더 생각하고 듣는 사람의 입장도 생각해서 말해야 할 것 같다. 하지만 실천하지 못해 속상할 때도 많다. 거짓말을 듣는 상대방은 당연히 기분이 나쁠 것 같다! 이제 나도 조금 더 생각하고 말하는 습관을 가져야겠다.

부모님과 함께 미덕 글쓰기를 하면 다양한 글이 누적됩니다. 예전에 쓴 글을 서로 읽어보며 느낌을 공유해보세요. 자연스럽게 글을 읽는 습관이 생깁니다. 미덕 글쓰기는 마니토와 동시에 진행하면 더 효과적입니다. 마니토를 하는 방법은 가족이 모두 모여 접힌 종이를 랜덤으로 뽑습니다. 자신의 이름이 나오면 다시 뽑으며, 서로 다른 사람이 나오게 뽑아보세요. 일주일 정도 남 몰래 내 마니토에게 선행을 베푸는 활동을 하며 마니토 활동이 끝나는 날, 그동안 내가 마니토 활동을 하며 했던 일들과 느낀 점 그리고 감사한 점을 이야기해보세요.

꾸준한 독서 습관을 지닌 아이들은 교과서의 많은 글씨에도 당황하지 않습니다. 그동안 누적된 미덕 글쓰기를 읽는 것 자체로 글과 친해지는 계기가 되지 않았을까요? 올바른 가치관도 더불어 생기지 않았나요? 독서에 관한 흥미 유발을 통해 다양한 독서로 넘어가세요. 늦어도 4학년부터는 아이가 스스로 책상에 앉아서 책을 읽는 습관을 지녀야 한다는 점을 잊지 마세요.

오감 글쓰기로 자신감을 키워봐요

4학년이 되면 글쓰기 능력과 글씨체의 기본이 잡힙니다. 아이들의 글쓰기 실력 차이가 눈에 띄게 두드러지는 시기입니다. 글쓰기 연습을 많이 한 아이들은 육하원칙(5W1H)에 맞추어 긴 글을 쓰는 데 부담이 없고, 자기 생각을 논리적으로 표현할 수 있습니다. 글쓰기와 거리를 둔 아이들은 여전히 "재밌었다." "또 해보고 싶다." 등 단편적인 내용과 더불어 옆에 친구가 쓴 내용을 열심히 참고하기에 급급한 경우도 있습니다.

4학년인 우리 아이가 글쓰기 능력이 부족하다고 느낀다면 포기해야 할까요? 이제 시작입니다. 남자아이들은 일반적으로 글쓰기 능력이 발달하는 시기가 여자아이들에 비해 늦습니다. 활동적이고 힘쓰는 일에 더 큰 관심을 보여 차분히 앉아서 하는 활동은 상대적으로 늦게 발달합니다. 하지만 4학년 때부터는 아이가 자리에 앉아서 글쓰기 연습을 할 수 있는 시간이 꼭 필요합니다. 왜냐하면 5, 6학년에는 기존에 배운 내용이 심화됨과 더불어 교과서에 글을 써야 하는 빈칸의 크기도 확연하게 커집니다. 글쓰기 기초가 부족한 아이들은 자신의 글쓰기 능력에 대해 "전 안 돼요." "못 쓰겠어요." 등 무기력함을 보이는 아이로 변할 수 있습니다.

오감 글쓰기는 우리가 사용하는 오감을 통해 보고 느낀 것을 그대로 글에 녹여내는 것입니다. 평소에 아이들과 오감을 기를 수 있는 활동을 많이 해보세요. 발도르프 유치원, 숲 유치원 등이 인기 있는 이유입니다. 오감에는 시각, 청각, 후각, 촉각, 미각이 있습니다. 오감을 기르기 위해 많은 체험학습을 해보세요. 어린 시절이 기억에 남지 않는다고 소홀하게 여기지 마세요. 기억에 남지 않아도 인생을 살아가는 양분이 됩니다. 탄탄하게 쌓아 올린 양분은 큰 나무로 뻗어 나갈 수 있습니다. 어린 시절의 경험과 추억은 아이들의 호기심, 의사소통 능력, 긍정적 정서에 큰 도움이 된다는 연구 결과가 있습니다. 집에서 함께 하는 음식 만들기, 집 근처 공원에 가는 것도 오감을 느끼는 데 좋습니다.

시각은 주변을 자세히 관찰하는 연습을 해보세요. 아이들은 주변에 관심이 많습니다. 날아다니는 나비, 줄지어 다니는 개미, 아이들이 뛰어다니는 모습, 하늘에서 내리는 눈 등 어른은 무심코 지나칠 수 있는 상황을 유심히 관찰하고 궁금해합니다. 아이들과 함께 관찰해보세요. 설명하기보다는 왜 그럴까 함께 생각해보세요.

아이의 질문에 바로 정답을 제시하기보다는 정답으로 유도해보세요. 아이가 "개미는 비가 올 때 어떻게 살아요? 집이 다 가라앉을 것 같은데."라는 질문을 합니다. 정답은 3개입니다.

> · 개미는 비가 오면 입구가 무너지게 집을 만들어서 물이 집에 흘러들어오는 것을 막는다.
> · 개미집 입구의 담을 높게 쌓아 빗물이 옆으로 흘러내리게 만든다.
> · 두 가지가 안 될 경우 다른 집으로 이사를 한다.

아이에게 정답을 바로 알려주기보다는 "빗물이 계속 집으로 들어오는 걸 막으려면 어떻게 해야 해?" "흙 사이로 비가 들어올까?" 등 발산적 사고를 유발하는 질문으로 답을 유도해주세요. 만약 정답을 모른다면 "몰라. 아빠한테 물어봐."라고 하기보다는 "우리 함께 공부해서 알아볼까? 어떻게 답을 알아낼 수 있을까?" 등으로 학습 동기를 꾸준히 유도해주는 것이 좋겠죠?

청각은 많이 듣는 것이 가장 좋습니다. 청각 능력은 부모와의 활발한 의사소통과 책 읽어주기가 중요합니다. 부모와의 의사소통이 활발하지 않은 아이들은 듣기, 말하기 능력이 또래보다 떨어집니다. 또한 감정을 많이 교류해본 적이 없어 친구들의 이야기를 잘 듣지 않고, 고집을 부릴 때도 많습니다. 부모와 함께 책 읽기를 하는 아이들은 부모의 목소리에 모든 신경을 집중한 경험이 있습니다. 이 아이들은 친구들의 이야기를 더 잘 듣고, 집중력도 높습니다. 그리고 자신이 들은 이야기를 따옴표를 활용하여 적게 됩니다.

후각은 후각 수용기가 있는 코를 통해 물질의 냄새를 인식하는 것입니다. 성인보다 아이들은 후각 능력이 뛰어납니다. 다양한 냄새를 맡고, 작은 냄새도 맡을 수 있습니다. 다양한 어휘로 맡은 냄새를 표현해보세요. "코를 쿡 쿡 찌르는 냄새" "코를 상쾌하게 하는 산들바람 같은 냄새" 등 아이와 다양한 어휘로 느낌을 표현해보세요. 후각을 통해 맡은 냄새를 의성어와 의태어로 표현해보세요.

촉각은 피부 수용기에 의존하는 감각입니다. 통증, 질감, 온도 같은 것을 느끼는 감각입니다. 실제로 물건을 만지며 촉감을 다양한 언어로 표현해보세요. 매끄럽다, 거칠다, 부드럽다 등을 다른 사물이나 동물에 빗대어 표현해보세요. "동생 피부처럼 매끄럽다." "코끼리 피부처럼 거칠다." "인형처럼 부드럽다." 등으로 표현하면 재밌습니다.

미각은 혀의 미뢰를 통해 음식의 화학물질을 인식하는 능력입니다. 쓴맛, 짠맛, 단맛 등 특정한 맛을 구별할 수 있습니다. 아이들이 음식을 먹은 뒤, 맛을 다양한 언어로 표현하는 연습을 해보세요. 달다, 짜다, 쓰다 등에서 확장된 언어를 연습해보세요. 다른 음식과 비교해보거나 느낌을 표현해보는 겁니다. "이 떡볶이는 지난번 미역국보다 더 달아 혀를 간지럽힌다." "볶음밥의 맛이 하늘을 날아갈 것 같다."와 같은 다양한 어휘 표현을 사용해보세요. 표현력이 좋은 아이는 자기 생각도 잘 표현하게 됩니다. 오감 글쓰기에서의 미각은 혀의 감각뿐 아니라 자신이 말한 것으로 의미를 확장합니다. 자신이 한 말의 내용을 큰따옴표를 활용해 적어봅니다. 자신이 말한 것을 되돌아보며 자연스럽게 한 가지 사건에 대해 자세히 생각하는 기회도 제공합니다. 이는 글의 생명력을 부여해 읽기 좋은 하나의 글을 완성합니다.

수업 중 아이들에게 여러 글을 주며 가장 마음에 와닿는 글 하나를 뽑으라고 합니다. 아이들에게 가장 많이 뽑힌 글을 보면 기본적으로 재미있습니다. 아이들에게 왜 이 글을 뽑았냐고 물어보면 재미있기 때문이라고 합니다. 묻지 않아도 글에서 재미있는 부분을 찾아냅니다. 초등학교 시기에 글쓰기의 재미를 느끼지 못한다면 어떻게 될까요? 억지로 하는 글쓰기는 학업조차 힘들어하는 아이들에게 스트레스가 됩니다.

아이들 대상으로 가장 큰 고민거리가 무엇인지 질문해보면 가장 큰 고민은 학업이었습니다. 아이들은 글을 쓸 때 문장과 문장을 연결하기보다는 사실만 딱딱하게 쓰는 경우가 많습니다. 학업에 지친 아이들에게 글쓰기는 귀찮은 활동입니다. 하지만 글쓰기는 생각을 표현함과 동시에 남에게 그 생각을 드러내는 일종의 작품 활동입니다. 아이들이 재미있는 글을 쓸 수 있도록 오감 글쓰기를 적극적으로 활용해보세요.

글의 종류는 기행문, 설명문, 논설문, 일기, 보고서 등 다양합니다. 오감 글쓰기를 통해 자신이 보고 느낀 것을 자세히 쓰는 연습은 글의 생동감과 사실성, 사고의 체계성을 기르는 좋은 밑거름이 됩니다. 아이와 함께 글쓰기 전 아래의 표를 채워보세요. 그리고 빈칸의 문장들을 활용해 글을 써보세요. 조금 더 생생하고 생활과 가까운 글쓰기를 통해 글쓰기의 재미를 깨닫게 되지 않을까요?

오감 글쓰기 표

눈으로 본 것	엄마가 부엌에서 요리하는 모습	채소를 송송 써는 모습
	아빠가 상 차리는 모습	사이좋은 부모님
귀로 들은 것	지글지글 끓는 냄비 소리	"수저 좀 가져다 놓으렴."
	"손 씻고 와."	탁탁

냄새 맡은 것	고소한 볶음밥 냄새	바다의 맛 미역 냄새
	노릇노릇 계란프라이 냄새	군침 도는 참기름 냄새
만져본 것	따뜻한 밥그릇	읽고 있던 그림책
	엄마에게 가져다드린 당근	동생의 작은 손
먹은 것과 말한 것	입에서 녹는 볶음밥	"여기에 뭐 뭐 들어가 있어요?"
	"엄마 진짜 맛있어요."	"또 해주세요."

오감 글쓰기

"오늘 저녁은 볶음밥이다." 엄마가 부엌에서 채소를 송송 썰고 있어요. 탁탁 칼 소리도 들리네요. 미역국도 함께 해주신다고 해요. 필요한 재료인 당근을 가져 다드려요.

"엄마랑 아빠랑 저녁 준비할 테니 동생이랑 놀아줄 수 있니?"

우리 부모님은 사이가 참 좋아요. 항상 웃으며 대화합니다. 동생의 작은 손을 만 집니다. 동생은 태어난 지 10개월 되었는데 너무 예쁩니다. 동생에게 그림책을 읽어주는 게 제 취미에요. 읽어주다 보니 어느새 지글지글 끓는 냄비 소리가 들 려요.

"수저 좀 가져다 놓으렴."

아빠와 같이 상을 차리는 걸 도와드려요. 군침 도는 참기름 냄새, 바다의 맛 미 역 냄새가 코를 간지럽히네요. "자 이제 손 씻고 와서 밥 먹읍시다."

자리에 앉아 맛있는 저녁을 먹어요. 제가 좋아하는 노릇노릇한 계란프라이도 보이네요.

볶음밥이 입에서 녹았어요. "엄마 여기 뭐 뭐 들어가 있어요?" 물어봅니다.

"채소랑 새우랑 몸에 좋은 거 다 들어가 있지."

"엄마 진짜 맛있어요, 채소도 맛있어요. 또 해주세요."

엄마의 뿌듯한 표정을 보니 기분이 좋아집니다.

아이와 함께 채워본 오감 글쓰기 표를 활용해 글을 써보세요. 다섯 가지 영역으로 나누면 아이들이 글쓰기 소재를 떠올리는 데 도움이 됩니다. 표를 채운 뒤 쓴 내용을 하나의 글로 만들면 아이들의 부담스러운 글쓰기도 가볍게 느껴질 수 있답니다. 지금 바로 아이와 함께 오감 글쓰기 여행을 떠나보세요.

오감 글쓰기 표
－ 직접 실천해보고 작성해보세요.

눈으로 본 것		
귀로 들은 것		
냄새 맡은 것		
만져본 것		
먹은 것과 말한 것		

오감 글쓰기

― 직접 작성해보세요.

4학년이 되면 학교에서 다양한 모둠 활동과 프로젝트 활동을 하게 됩니다. 우리 고장의 모습 조사하기, 연극하기, 학교에 대해 알아보기 등 친구들과 함께 계획을 짜고 역할을 나누고 실행하는 연습을 많이 합니다. 모둠 활동 시에는 아이들이 여러 가지 성향을 드러냅니다. 리더가 되어 이끌어가는 아이, 묵묵히 자신의 역할을 하는 아이, 아무것도 하지 않는 아이, 경청하는 아이, 내용을 정리하는 아이 등 여러 모습이 보입니다.

우리 아이는 모둠 활동을 할 때 어떤 모습인가요? 담임 선생님과 상담을 하러 가면 꼭 물어보세요. 보통 4명이 한 모둠이 됩니다. 주도하는 아이 1명, 그림과 글씨를 맡은 아이 1명, 열심히 의견을 내는 아이 1명, 그리고 자기 생각에 빠진 아이 1명의 모습이 상상됩니다. 우리 아이가 모둠 활동에 적극적으로 참여하려면 어떻게 해야 할까요? 모둠 활동에서 한번 큰 상처를 입은 아이들은 남은 초등학교 기간에도 모둠 활동에 적극적으로 참여하지 않는 모습을 보입니다. 학교에서 아이들은 여러 가지 협력 활동을 통해 하나의 계획을 구상해서 실행하는 것까지 여러 번 반복 학습을 하게 됩니다. 이 활동을 집에서 직접 해보는 건 어떨까요? 아이가 학교에서도 주도적으로 모둠 활동을 이끌어가지 않을까요?

① 여행 장소 정하기

그동안 아이와 함께 우리나라의 어느 곳을 여행해보셨나요? 부모님이 주변에서 좋다고 소문을 들었던 곳으로만 가족 여행을 떠나진 않았나요? 아이와 함께 체험학습을 떠나고 싶은 곳을 정해보세요. 우리나라 지도를 펼쳐 놓고 아이와 어디를 가고 싶은지 대화를 나누어보세요. 아이의 생각을 들어보세요. 가고 싶은 곳과 하고 싶은 것을 이야기할 수 있습니다. 하지만 아이는 아직 우리나라의 지역에 대해 잘 알지 못합니다. 어떻게 여행 갈 곳에 관한 정보를 알 수 있는지 대화를 나누어보세요. 인터넷, TV, 선생님, 신문, 친구 등 여러 가지 방법으로 일주일 동안 정보를 수집해보세요. 일주일 뒤 가족이 함께 모여 각자 조사한 내용을 수집해 여행 날짜와 장소를 정해보세요.

② 여행 계획 세우기

여행 장소가 정해졌다면 가서 어떤 활동을 할지 알아보세요. 아이와 대화해보면 부모의 생각처럼 많은 장소를 알지는 못합니다. 아이는 아직 인터넷 검색도 쉽지 않고, 체험도 제한적이기 때문입니다. 아이의 계획을 존중해주세요. 아이의 계획대로 여행을 가서 고생해보는 것도 즐거운 추억입니다. 아이와 세운 계획대로 계획표를 함께 작성해보세요. 아이와 대화를 나눌 때는 가서 먹고 싶은 것, 하고 싶은 것, 보고 싶은 것을 함께 이야기해보세요. 그리고 작은 수첩에 여행 계획을 적고 여행하며 함께 해보세요. 아이와 함께 시간별로 계획을 세우는 것은 무리가 있습니다.

따라서 시간 계획보다는 아래의 표를 함께 채워보고 실행하는 것부터 시작해보세요. 부모님 생각에 다소 부족하더라도 존중해주세요. 아이가 세운 계획대로 실행하며 남는 시간에 부모님 생각에 유익한 활동을 하면 됩니다. 마지막 엄마, 아빠의 선택을 통해 부모의 의견을 반영해 체험학습의 질을 높여주세요.

여행 계획표

여행 장소		에버랜드	날짜	2020.9.21	참가자	우리 가족 4명	실행
아이	먹고 싶은 것	소시지	왜?	평소에 많이 못 먹고, 달콤하고 쫄깃해서			
		쌀국수	왜?	엄마, 아빠가 좋아하고 나도 좋아해서			
	하고 싶은 것	판다 머리띠 사기	왜?	판다는 귀엽고, 엄마도 씌워주고 싶어서			
		범퍼카 타기	왜?	엄마, 아빠랑 같이 타보고 싶어서			
	보고 싶은 것	사막여우 보기	왜?	사회 시간에 보고 실제로 보고 싶어서			
		퍼레이드	왜?	신기하고 재미있어서 동생한테 보여주고 싶어서			
부모	엄마 아빠 의 선택	안전 체험관	왜?	사랑하는 아들, 딸에게 안전함의 중요성을 알려주고 싶어서			
		장미 축제	왜?	아름다운 꽃을 보면 기분이 좋아지고 예쁜 가족사진을 남기려고			

여행 계획표

– 직접 작성해보세요.

여행 장소			날짜		참가자		실행
아이	먹고 싶은 것		왜?				
			왜?				
	하고 싶은 것		왜?				
			왜?				
	보고 싶은 것		왜?				
			왜?				
부모	엄마 아빠 의 선택		왜?				
			왜?				

③ 여행 실행하기

아이와 함께 신나는 여행을 떠나보세요. 그리고 여행 계획표에서 아이가
쓴 내용을 실행했는지에 따라 제일 끝에 ○나 ×를 표시해보세요. 모든 계
획을 실행하려고 노력하는 건 좋지만 다른 활동에 빠져있는데 억지로 여
행 계획표를 완수하려고 하지 마세요. 다른 활동도 나름의 가치가 있고, 계
획표를 완성하지 못하는 것도 4단계 활동을 통해 교육적 효과를 불러일으

킬 수 있습니다. 위의 예시는 아이들이 선호하는 에버랜드입니다. 만약 박물관, 전시회, 지역 축제 등에 체험학습을 떠난다고 하면 조금 더 많은 준비가 필요할 수 있습니다. 부모님이 해당 홈페이지나 블로그 자료를 출력해서 아이와 함께 보고 꼭 봐야 할 몇 가지를 선정해서 여행을 떠나보세요. 무작정 떠나는 여행은 힐링에는 좋지만 배움에는 좋지 않습니다. 아이와 함께 최소한의 준비를 한 뒤 여행을 실행하는 것이 아이의 기억에도 오래 남지 않을까요?

④ 여행 되돌아보기

아이들과 여행을 다녀온 뒤 여행을 되돌아보는 시간을 가진 적 있으신가요? 아이들이 여행을 통해 배운 점, 느낀 점, 만족도와 그 이유 그리고 자신의 계획 수행 능력을 평가해보세요. 가족이 여행 계획표와 A4용지 1장을 준비한 뒤 동그랗게 모여 앉아 보세요. 그리고 여행 계획표에서 실행한 것과 그렇지 못한 것에 관해 이야기를 나눈 후 기억에 남는 것들을 이야기해보세요. 마지막으로 여행 감상문을 함께 써보는 시간을 갖습니다. 1인당 2칸씩 쓸 수 있습니다. 여행 감상문은 정해진 형식은 없지만, 기행문의 3요소인 여정, 견문, 감상은 꼭 들어가는 것이 좋습니다.

여정	여행한 경로를 뜻하며, 언제 어디를 갔는지 씁니다.
견문	여행 중 보고 들은 것을 뜻하며, 문화, 경치, 역사, 특징 등을 씁니다.
감상	여행하면서 느낀 점이나 생각을 씁니다.

우리 가족 여행 되돌아보기	
여행을 통해 배운 점	
여행에서 느낀 점	
여행의 만족도와 그 이유	
계획대로 잘 되었나요? 이유는?	
다음 여행 다짐하기	

아이와 함께 여행 감상문을 꾸준히 쓰다 보면 자연스럽게 주변을 깊게 살펴보는 능력과 관찰력이 길러집니다. 또한 생각을 되짚어보며 기억력과 사고력도 높아진다고 하니 아이와 체험학습을 다녀온 뒤 꼭 감상문을 써보세요. 학기 중 체험학습을 간다면 학교에 체험학습 보고서를 내야 합니다. 보고서를 부모가 쓰는 경우도 많습니다. 아이에게 양보해주세요. 체험학습 보고서를 위의 양식대로 아이와 함께 써보세요. 아이가 직접 보고서를 쓰며 느낀 점을 정리하는 기회는 아이에게 자신의 행동을 성찰하는 습관을 길러줍니다.

비폭력 대화는 어떻게 해요?

아이와 대화할 때 유용한 방법으로 비폭력 대화가 있습니다. 마셜 로젠버그(Marshall B. Rosenberg)는 "저는 연민에 머무를 수 있는 능력에 영향을 주는 요소들을 연구하면서, 우리가 쓰는 언어가 얼마나 큰 역할을 하는지 알고 놀랐습니다. 그 후로 다른 사람들과 자연스럽게 연민이 우러나는 유대 관계를 맺는 데 도움이 되는 구체적인 대화 방법을 고안해 낼 수 있었습니다. 이 접근 방식을 비폭력 대화(Nonviolent Communication)라 부르기로 했습니다."라고 이야기합니다.

비폭력 대화의 기본 방향은 평가와 관찰을 분리하는 것입니다. 우리는 일상생활에서 관찰과 평가를 섞어서 표현합니다. 특히 평가하는 말을 많이 사용합니다. 의도치 않게 상대의 기분을 상하게 하거나 오해를 불러올 수도 있는 방법이죠. 아이와 다음 4단계 대화법을 활용해보세요.

---

1 관찰(내가 ~보았을 때)

평가와 관찰을 분리하여 관찰한 것만을 표현합니다. 평가는 나의 의견과 감정이 개입됩니다. 눈으로 본 사실과 장면 그대로를 이야기합니다.

---

2 느낌(나는 ~라고 느껴)

관찰에 대한 자신의 느낌을 표현합니다. 느낌에는 서운한지, 화가 나는지, 슬픈지, 속상한지, 기쁜지, 감동하였는지 등이 있습니다.

3 욕구(왜냐하면 나는 ~라고 생각해서)

그런 느낌을 일으키는 욕구와 가치관을 찾아냅니다. 내가 느낀 욕구를 정확히 알아야 아이에게 효과적으로 설명해줄 수 있습니다. 내가 바라는 점과 유사합니다.

4 부탁(해줄 수 있겠니?)

원하는 것을 구체적으로 부탁합니다. 부탁할 때는 구체적인 긍정문으로 하는 것이 좋습니다.

올바른 대화법	
엄마가 방 쓰레기통 좀 비우랬더니 안 비웠네? 누굴 닮아서 이렇게 게으른 거야?	▶ 쓰레기통이 꽉 찼구나. (관찰)
집에 썩은 내가 진동한다. 어휴. 진짜 짜증나네. 너 때문에 내가 늙는다 늙어.	▶ 쓰레기통을 비우지 않아서 기분이 좋지 않아. (느낌)
너는 항상 약속을 지키지 않아. 지금이 몇 번째야? (비판)	▶ 엄마는 우리가 서로 약속한 것을 지켰으면 해. (욕구)
당장 쓰레기 버리고 와! 아니면 스마트폰 금지다!	▶ 왜 쓰레기를 버리지 않는지 설명해 줄래? (부탁)

물론 쉽지 않은 대화법입니다. 하지만 비폭력 대화법을 통해 부모와 아이 모두 스트레스가 감소했고 자녀와의 관계가 좋아졌다는 사례도 많습니다.

또한 하고 싶은 말을 모두 다 하면서도 아이에게 상처 주지 않고 잔소리보다 효과가 크다고 합니다. 기회가 된다면 비폭력 대화를 한 번 실천해보세요.

PART 6

초등학교 5학년,
아이는 수업 시간이 지겹다

5학년 아이들은 친구 관계 때문에 고민이 많습니다. 세상의 중심이 친구이고, 친구와 가족 중 더 중요한 것을 고를 때 깊이 고민하는 시기이기도 합니다. 여자아이들은 체육 시간에 뛰어노는 것보다 옹기종기 모여 앉아 대화하는 것을 더 좋아합니다. 간혹 잘못된 패거리 문화가 생기기도 합니다. 아이들은 개인으로 있을 때보다 집단에 속할 때 자신을 집단과 동일시합니다. 집단(일명 패거리)에 속하고 싶어 하고, 들어가서 친구들이 우러러보는 존재가 되고 싶어 합니다. 이것이 변질되어 중학교 시기에 '일진회'와 같은 불량 써클로 연결될 수 있습니다. 아이가 어떤 친구들과 사귀는지, 혹시 SNS상에서 언니들과 연락을 주고받거나 만나지는 않는지 한 번 유심히 살펴보세요. 아이들 정신이 건강해야 올바른 학습도 가능합니다.

또한 아이들은 외모가 멋있거나 운동, 춤에 소질 있는 아이들이 멋있다고 생각을 합니다. 화장하기 시작하는 아이들도 생겨나고 춤을 맹연습하는 아이들도 생겨납니다. 축구를 잘하는 아이들을 보며 남자답고 멋있다고 생각합니다. 잘못된 가치관은 고학년이 되어 자신에 대한 부정적인 생각을 가지게 할 수 있습니다. 아이들 기준에 자신은 외모도 별로고, 운동을 잘하거나 춤을 잘 추지도 않는다고 생각하며, 성격도 소극적인 아이는 어떤 생각이 들까요? 자존감이 떨어집니다. 점차 친구와 자신을 비교하게 되고, 경쟁심을 많이 느끼게 되죠.

남자아이들은 친구들과 함께 게임을 하거나 뛰어놀면서 스트레스를 해소합니다. 순간의 화를 못 이겨 싸움이 일어나거나 괴롭히거나 괴롭힘을 당하는 아이도 생깁니다. 종종 성인 동영상을 보는 아이들도 있습니다. 아이의 관심사, 검색 목록을 한번 확인해보세요. '우리 아이는 괜찮아.'라고 생각하기보다는 관심을 가지고 대화를 통해 이야기를 풀어가 보세요. 아이의 외부 요인이 흔들리면 학습에 부정적인 영향을 미칠 수 있답니다.

☑ 왜 해야 하나요?

5학년 아이들은 자아를 형성하는 과정에 있습니다. 주변에 의해 쉽게 물들고 반대로 쉽게 영향을 줄 수도 있습니다. 친구들과 올바른 관계를 위해서라도 자신의 확고한 목표를 세우는 연습을 해보세요. 올바른 생활 습관과 규칙적인 운동을 통해 몸과 마음을 건강하게 해주세요. 정해진 시간에 자고 일어나며, 운동도 하루에 30분 이상씩 꾸준히 해주세요. 주말에 잠을 몰아서 자는 습관은 피로가 더 누적된다고 합니다. 일주일 동안 일어나는 시간은 같되 아이가 피곤한 날에는 일찍 잘 수 있도록 해주세요. 건강한 몸에 건강한 정신이 깃듭니다.

일찍 자고 일찍 일어나기, 정해진 시간에 식사하기, 꾸준히 운동하기를 해보세요. 규칙적인 생활은 활력을 만들어주고 공부할 힘을 만들어줍니다. 예습과 복습, 책상에 1시간 이상 앉아 독서 또는 공부하기, 바른 자세로 앉기 등 공부 기초 습관을 다시 한번 되짚어주는 것이 필요합니다. 집에 오면 옷을 갈아입은 뒤 배운 내용을 바로 복습하는 시간을 꼭 갖도록 해주세요. 많은 복습은 필요하지 않습니다. 배운 내용을 한 번 쭉 읽어보면 됩니다. 영양소가 풍부한 식사와 천천히 먹는 연습, 적절한 운동은 아이의 평생 공부 체력을 기르는 데 도움을 줍니다.

☑ 어떻게 해야 하나요?

요즘 아이들은 꿈이 없다고들 이야기합니다. 어른들이 이야기하는 꿈은 장래 희망입니다. 어떻게 보면 아직 경험이 적은 초등학생 아이들은 장래 희망이 없는 게 당연할 수도 있습니다. 아이들의 꿈을 장래 희망보다는 앞으로 '내가 하고 싶은 것'으로 바꾸어 생각하면 어떨까요? 짧은 목표, 장기적인 목표 모두 좋습니다. 이를 위해 고학년 시기에 아이들에게 목표를 심어주세요. 아이들과 대화를 나누어보면 모두 공부를 잘하고 싶어 합니다. 하지만 구체적으로 어떻게 해야 하는지 모른 채 학교와 학원에 다니며 공부하는 아이들이 대부분입니다. 교과서를 스스로 분석하는 공부가 아닌 편리한 방법으로 공부하면 아이들의 두뇌 발달에 악영향을 끼치는 건 앞에서도 말씀드렸습니다.

집에서 독서와 공부를 전혀 하지 않는 아이가 사교육을 받으면 공부를 잘할 수 있을까요? 지금은 잘할 수도 있습니다. 하지만 중학교, 고등학교에 가면 온종일 앉아서 공부해도, 성적은 나오지 않는 아쉬움을 자녀를 통해 볼 수도 있습니다. 아이들은 스스로 이해하는 능력을 길러야 합니다. 아이가 책상에 혼자 앉아 학습하는 기회를 반드시 제공해야 합니다.

아이에게 "너 공부해."라는 말은 잔소리에 지나지 않습니다. 아이가 스스로에 대해 깨닫는 경험이 필요합니다. 아이가 좋아하는 것, 싫어하는 것, 초등학교에서 하고 싶은 것, 성인이 돼서 하고 싶은 것, 나에게 중요한 것을 포함한 아이만의 버킷리스트를 작성해보세요. 돈 많이 벌기, 좋은 대학 가기, 봉사하기, 여행 가기, 유튜버 되기, 운동선수 되기 등 저마다 생각이 다릅니다. 모든 꿈을 이루려면 '학습'과 '노력'이 꼭 필요하다는 점을 알려주세요. 요즘 유튜버와 건물주가 되고 싶어 하는 아이들이 많습니다. 1,000명 중 1명에 지나지 않는 유명 유튜버를 보며 멋진 꿈을 꿉니다. 대화를 나누어보면 화려하고 돈을 많이 벌기 때문이라고 이야기합니다. 아이가 되고 싶은 직업을 가진 사람들에 대한 다큐멘터리나 영상을 보여주세요. 노력 없이 성공한 사람은 없습니다. 아이들에게 돈보다 중요한 가치가 많다고, 평생 배우고 학습해야 꿈을 이룰 수 있다고 말해주세요.

또한 집중력이 높지 않거나 예민한 아이들은 작은 소리에도 민감하게 반응합니다. 아이가 공부하는 시간에는 TV, 세탁기, 대화 등 소음을 최소화해주세요. 아이의 책상은 공부하기에 적합한 상태를 유지합니다. 연필과 지우개, 공책, 교과서와 문제집 등을 깨끗하게 정리해보세요. 계획표를 보며 공부할 교과서와 문제집을 꺼내어 하나씩 해결해보세요. 집중력을 감소시키는 스마트폰은 잠깐 멀리해보세요. 컴퓨터는 거실 혹은 별도의 방에 설치해 무분별한 사용을 예방합니다.

공부 습관
자신감을 얻기 위해 영어를 공부해요

전 세계에서 가장 널리 쓰이는 언어는 무엇일까요? 바로 영어입니다. 전 세계적으로도 영어를 배우기 위해 많은 사람이 노력하고 있습니다. 우리나라 초등 영어의 목표는 문법과 구문이 아닌 의사소통 능력, 즉 회화 능력입니다. 외워서 쓰는 것보다 상황에 따라 친구와 대화를 주고받는 내용으로 구성되어 있죠. 초등학교의 영어 성취 기준은 높지 않습니다. 수업 시간에 즐겁게 참여하고 집에서 복습만 꾸준히 하면 충분히 따라갈 수 있습니다. 하지만 3학년 때부터 학교에서 배운 영어가 5학년이 되면 격차가 드러납니다. 영어는 자신감입니다. 5학년 교실을 보면 영어를 자신 있게 말하는 아이는 극소수입니다. 아이들은 발음이 좋거나 영어를 잘하는 아이가 있으면 위축되어 말하기를 더 꺼립니다. 학교 영어 수업 시간이 고통입니다. 우리 아이를 영어 고통에서 해방하려면 어떻게 해야 할까요?

☑ 영어를 공부하는 이유

우리는 말하기 능력이 중요한 시대에 살고 있습니다. 영어는 전 세계 공용어로 널리 사용되고 있습니다. 영어의 필요성, 중요성은 논의가 불필요할 정도로 당연히 학습해야 할 언어입니다. 점차 영어를 학습하는 나이가 낮아지고 있습니다. 많은 선진국에서는 초등학교 1학년부터 영어를 교육과정에 편성하고 있습니다. 대한민국은 초등학교 3학년부터 교육과정을 편성하고 있습니다. 하지만 영어 유치원, 영유아 영어부터 시작해 영어 조기교육이 여전히 붐을 이루고 있습니다. 영어는 언어입니다. 크라센(Krashen)의 언어 습득 가설에 의하면, 입력(Input)이 많으면 출력(Output)이 좋아지며, 영어를 모국어로 배울 때 조기교육이 효과적이라고 합니다. 어릴 때부터 많이 노출되면 영어에 대한 부담감이 줄어들기 때문이죠. 하지만 부모가 영어를 능숙하게 사용해 지속해서 노출시키지 않는다면 큰 효율성은 없다고 알려져 있습니다.

현재 우리나라 교육과정은 제2외국어로서 영어를 배웁니다. 초등학교에 시작해도 충분합니다. 원어민 같은 모국어로서의 유창성을 목표로 하는 게 아닙니다. 영어를 공부할 하나의 과목으로 접근할 때의 유창성으로 접근해보세요.

교실에는 영어 발음이 좋은 친구들이 종종 있습니다. 조기교육 혹은 외국에서 살다 온 아이들입니다. 문법적으로 뛰어나지 않아도 영어 자신감이 높습니다. 아이들은 이런 친구들을 보며 위축됩니다. 영어를 잘하는 친구들이 주변 친구들 틀린 내용을 지적하기도 합니다. 자연스레 자신감도 줄어들게 되죠. 아이가 수업 시간에 자신감을 가질 수 있도록 꼭 공부하는 시간을 가지세요. "영어만 잘해도 먹고살 수 있다."라는 말이 있습니다. 영어를 잘하지 못해서 마이너스가 되는 경우는 종종 있습니다. 반대로 영어를 잘하면 항상 플러스가 됩니다. 성인이 되어도 영어를 학습할 수 있습니다. 성인이 되어 뛰어난 영어 실력을 갖춘 사람도 많습니다. 하지만 초등학교 시기보다 효율성은 다소 떨어질 수 있습니다. 영어는 선행 학습이 아닌 생활 속에서 교육해주세요.

☑ 영어 공부법

어휘는 많이 노출될수록 자연스럽게 회화 실력이 늘어납니다. 부모들이 영어 교육을 위해 아이를 유학 보내는 이유도 이 때문이죠. 초등학교 아이들이 쉽게 접할 수 있는 방법은 영화 OST 듣기입니다. 집에서 식사 시간 혹은 놀이 시간에 자연스럽게 아이들이 좋아하는 〈라푼젤〉, 〈라이온킹〉, 〈겨울왕국〉 등 OST를 들어보세요. 가사도 뽑아서 눈으로 보며 함께 부르다 보면 자연스럽게 영어에 친숙해질 수 있습니다. 아이들 수준의 영어 DVD를 자막 없이 함께 보는 것도 좋습니다. 유튜브를 선택적으로 활용할 수도 있습니다. 아이가 흥미를 보이는 영어 채널을 구독한 뒤 함께 보세요. 영상을 보며 느낀 점을 함께 나누어보세요.

암기는 영어 학습의 밑거름이 됩니다. 국어를 공부하려면 많은 어휘와 문장을 접해보는 것이 필요합니다. 수학을 공부하기 위해서는 수학에 대학 원리 이해와 공식, 사회를 공부하기 위해서는 지도 보는 법, 역사적 사건에 대한 이해가 필요합니다. 영어의 기본은 단어입니다. 단어를 많이 아는 아이는 영어 자신감도 높습니다. 교육부에서 제시한 수준의 초등학교 어휘는 반복해서 꼭 외워야 합니다. 초등학교 교과서에 나오는 어휘는 대략 300개 내외입니다. 영어 교과서 뒤편을 확인해보세요. 영어 교과서는 듣기-말하기-읽기-쓰기 순서로 구성되어 있습니다. 국어 교과서와 같습니다. 아이들이 많은 영어 단어를 통해 듣기에서 쓰기까지 자신감을 가지고 수업에 임할 수 있습니다.

국어를 잘하는 아이들이 영어도 빠르게 습득합니다. 아이들이 우리말을 습득하는 과정은 국어 사용 환경에서 노출, 낙서, 글자 배우기, 그림책, 동화책, 고학년용 동화책, 청소년 도서로 확장됩니다. 영어도 마찬가지입니다. 쉽지 않겠지만 한글로 된 책을 읽어주는 만큼 영어로 된 책을 읽어주세요. 영어에 충분히 노출될 수 있도록 글자 배우기, 영어 그림책, 영어 동화책, 리더스 북, 챕터북으로 확장합니다. 아이와 함께 도서관에 가서 흥미 있는 도서를 선정해보세요. 5학년이라도 영어 그림책에 흥미를 보일 수 있습니다. 아이가 흥미 있는 도서를 소리 내어 읽거나 부모가 읽어주며 영어 학습을 해보세요. 차츰 리더스북, 챕터북도 스스로 읽으며 영어에 자신감 있는 아이로 자라지 않을까요?

또한 영어 일기 쓰기에 도전해보세요. 문법에 맞는 완벽한 문장이 아닌, 아이가 배운 단어들을 활용해 시작하면 됩니다. 단어를 쓰고 그림으로 표현하기, 한 문장 쓰기, 두 문장 쓰기처럼 차츰 늘려보세요. 아이가 어려워한다면 교과서에 있는 문장들을 예시로 먼저 보여주세요. 단어만 바꾸어 써보는 활동은 아이의 영어 부담감을 줄여줍니다. 가장 좋은 활동은 그날 학교(학원)에서 배운 내용을 토대로 일기를 써보는 겁니다. 영어 동화책을 따라 써보는 것도 효과적입니다. 정해진 패턴에 단어만 바꾸어 쓰는 활동을 해보며 말하기도 함께 하면 더 좋겠죠?

학교의 영어 교육은 4학년까지는 듣기와 말하기 위주입니다. 5학년부터 읽기와 쓰기가 좀 더 강조됩니다. 각각의 영어 능력을 향상할 방법은 무엇일까요?

듣기는 많이 들을수록 좋습니다.

올바른 듣기를 위해 영어 동화책에 있는 CD, DVD 등을 활용해보세요. 부모님이 직접 영어 동화를 읽어주며 함께 감정을 교류하는 것도 효과적입니다. 같은 내용을 두세 번 반복해서 들어보세요. 듣는 내용을 따라 말해보세요. 10분에서 시작해 차츰 시간을 30분까지 늘려보세요. 아이의 듣기 능력을 극대화하는 데는 받아쓰기(dictation)나 교과서를 보며 직접 따라 읽기, 영어 CD 매일 듣기 등이 좋습니다.

말하기는 많이 말할수록 좋습니다.

말하기는 동화책을 번갈아 읽거나 부모님이 먼저 읽고 아이가 따라 해보는 활동을 통해 자신감을 키워주세요. 아이와 함께 원어민처럼 대화하기는 쉽지 않습니다. 아이와 부모의 대화를 녹음해 들어보는 것도 재미있는 활동입니다. 말하기는 시간이 많이 필요합니다. 조급하게 생각하지 말고 기다려주세요. 부모가 영어를 말하기 부담스럽다면 어린이 화상 영어, 어린이 전화 영어가 있습니다. 원어민과 직접 정해진 시간에 10분, 20분 대화를 나눕니다. 영어 자신감을 키우는 데 큰 도움이 되는 활동입니다. 무료로 체험할 수 있는 사이트를 활용해 체험해보고 선택해 활용해보세요.

읽기는 교과서와 다양한 영어 동화책을 읽으며 친숙해질 수 있습니다.

초등학교에서는 듣기, 말하기, 읽기에 집중해보세요. 정확한 발음 연습은 아이의 영어 흥미를 유발합니다. 아이가 한글로 읽어본 동화책의 영어판을 읽어보세요. 아는 내용이라 단어도 쉽게 이해되고, 전체적인 흐름을 알아 자신감도 생깁니다.

쓰기는 정해진 패턴에 어휘 바꾸어 쓰기가 가장 효과적입니다.

아이가 읽은 동화책을 직접 필사(베껴 쓰기)를 해보는 것도 영어와 친해지는 하나의 방법입니다. 전체를 쓰거나 기억에 남는 부분을 써서 반복해서 읽어보세요. 어려운 문장을 노래처럼 외우는 모습을 볼 수 있습니다. 파닉스는 장단점이 공존하는 영어 학습법입니다. 파닉스는 초등학생의 영어 기초를 다질 수 있다는 의견과 초등학생에게 불필요하며 영어와 멀어지게 한다는 의견이 상충합니다. 부모의 판단으로 파닉스에 접근해보세요. 쓰기에 많은 시간을 할애하기보다는 충분한 듣기와 말하기로 자신감을 길러주세요. 단어도 매일 5~10개씩 써보며 외우는 게 좋습니다.

☑ 주의 사항

영어 학원 중에서 고학년을 대상으로 어휘와 문법을 가르치는 곳이 많습니다. 아직 영어로 의사소통하는 데 미숙한 아이들에게 문법을 가르친다는 것은 영어와 담을 쌓게 만드는 결정적인 요인입니다. 아이들이 문법을 배우면 영어를 말하는 데 더 부담을 느끼게 됩니다. 영어는 언어입니다. 듣기에 충분히 노출되면 자연스럽게 음성 언어로 표현하게 됩니다. 아이들은 평균 3~4세가 되면 우리말을 어느 정도 듣고 말할 수 있습니다. 영어는 어떨까요?

뇌에서 언어 능력을 담당하는 측두엽은 초등학교 시기에 발달합니다. 초 등학교 이전에 영어 교육은 큰 효과가 없다는 뜻일까요? 영어를 '학습'의 관점에서 바라볼 때는 초등학교 시기에 교육이 이루어져야 합니다. 하지 만 모국어처럼 영어를 '습득'의 관점에서 바라볼 때는 시기가 빠르면 빠를 수록 좋습니다. 아이가 어릴 때 한글을 하나씩 배우며 그림을 그리고 낙서 를 하며 글씨를 쓰듯이 영어도 배울 수 있습니다.

우리 아이는 벌써 초등학교에 입학했다고 아쉬워하지 마세요. 아이가 영 어를 모국어로 쓰는 아이처럼 사용하기 위해서는 영어를 듣고 말하는 시 간이 최소 6,500시간은 필요하다고 합니다. 하루에 2시간씩 매일 공부해도 9년이라는 시간이 필요합니다. 3시간씩 공부하면 6년이라는 긴 시간이 필 요하죠. 급하게 생각하지 마세요. 영어는 생활입니다. 초등학교 시기의 영 어는 부모의 관심으로 완성될 수 있습니다.

교과서와 친해지는 연습을 해요

자녀에게 독서를 지도하는 데 어려움을 겪는 부모들이 많습니다. 남자아이들은 정해진 목표를 시간 내에 달성하는 과제를 주었을 때 완수하고자 하는 욕구가 강합니다. 책 읽고 기억에 남는 구절 쓰기, 책 읽고 마음에 드는 등장인물과 이유 쓰기, 마음에 드는 그림 고르기 등 구체적인 목표를 제한 시간과 함께 제공해보세요. 남자아이들은 구체적인 과제에 더 높은 효율성을 보입니다. 여자아이들은 하기 싫다며 종종 갈등을 유발하기도 하죠. 엄마는 안 하면서 왜 자기만 시키냐고 이야기하기도 합니다. 괜한 갈등을 일으키는 건가 고민도 될 겁니다.

아이들은 사회적 이슈에 관심이 생깁니다. 자신들과 관련 있는 뉴스 기사를 접하고 서로 이야기를 나눕니다. 교실에서 관련 기사로 토의해보면 자기 생각을 논리적으로 표현합니다. 아이와 사회적 이슈에 관해 대화를 나누어보세요. 아이들은 부모의 생각보다 다양한 지식을 가지고 있습니다. 책 읽기를 많이 힘들어한다면 관련 기사를 스크랩해 자료를 모아 서로의 생각을 나누어보세요. 세상을 보는 안목을 길러줄 수 있습니다.

책 읽기를 왜 싫어할까요? 책 읽기를 싫어하는 아이 중 대부분은 책에 있는 글을 읽고 이해하는 능력이 부족하고 재미도 없기 때문입니다. 아이의 수준보다 다소 낮은 동화책이라도 소리 내어 읽는 활동을 통해 글을 바르게 읽는 습관부터 만들어주세요. 책을 다양하게 읽으면 어떤 문제나 해결해야 할 상황이 생겼을 때 다양한 방법을 생각하는 속도가 빨라집니다. 5학년은 특히 이해력에 많은 도움을 주는 교과서와 친해져야 합니다. 재미없는 교과서라도 재미있게 느끼게 해야 합니다. 평생 학습 도구인 교과서를 올바르게 읽고 활용할 수 있어야 합니다. 벌써 교과서와 멀어지면 안 됩니다. 교과서는 꼭 붙들고 가도록 노력해주세요.

① 교과서의 구성

교과서는 지식을 축약해 놓은 일종의 지식 도서로 분류됩니다. 한 번 읽고 이해할 수 없는 종류의 도서입니다. 수업 시간에 한 번 보고서는 모든 내용을 이해할 수 없습니다. 따라서 교과서는 반복적으로 읽으며 자기 것으로 만들어야 합니다. 교과서는 단원 도입, 준비, 기본, 실천과 정리로 구성됩니다. 단원 도입에서는 교과별로 다양한 흥미를 유발하며, 준비에서는 학습 흥미 유지 및 개념 설명, 기본은 개념 이해하기 그리고 실천과 정리에서는 복습과 활용이 이루어집니다. 일종의 완전 학습이 가능한 구조입니다. 교과서에 나온 지문을 이해하고 문제를 해결하는 것은 공부의 가장 기본입니다. 가격도 저렴한 교과서를 통해 기초 학습을 튼튼히 해보세요.

② 교과서 반복 읽기 5단계

고학년이 된 아이들은 교과서 반복 읽기가 필요합니다. 문제집을 통해 얻을 수 있는 지식을 교과서를 통해 직접 살펴볼 수 있습니다. 문제집에 익숙해진 아이들은 교과서를 읽기 싫어합니다. 교과서는 문장으로 구성되어 스스로 노력해 지식을 재구조화해야 하기 때문입니다. 한마디로 머리를 많이 써야 하니 귀찮은 겁니다. 논술을 쓸 때는 문제집에서 외운 단편적인 지식으로는 긴 글을 쓰기 쉽지 않습니다. 스스로 많은 줄글에 노출되고 요약해본 경험이 있는 아이들이 높은 성취를 발휘합니다. 따라서 다음 교과서 반복 읽기 5단계를 통해 우리 아이의 읽기 능력을 길러보세요.

1단계: 큰 글씨만 보기(5분 내외)

교과서의 단원명과 차례, 학습 목표만 쭉 훑어보며 내용을 예측하는 단계입니다. 예측하기를 통해 학습의 흥미, 호기심, 상상력을 기를 수 있습니다.

2단계: 색칠된 부분만 보기(5분 내외)

교과서의 그림, 사진, 도표 등 줄글을 제외한 색칠된 부분을 살펴보는 단계입니다. 글을 읽기 전 학습 내용에 대한 개괄적인 이해가 가능합니다.

3단계: 빨리 읽기(10분 내외)

교과서의 줄글을 빠른 속도로 읽습니다. 내용을 이해하며 읽기보다는 빠른 속도로 글을 다 읽는 것을 목표로 합니다. 이해가 되지 않는 부분도 지나칩니다.

4단계: 밑줄 긋기(15분 내외)

한 번 읽어본 내용을 토대로 반복되는 내용, 중요한 내용에 연필로 밑줄을 긋습니다. 이때 이해되지 않는 내용은 다시 한번 읽어보며 중요한 단어에 형광펜으

로 표시합니다. 이전 단계에서 연필로 표시한 부분에 꼭 형광펜을 칠할 필요는 없습니다.

5단계: 표현하기(20분 내외)

마지막 단계인 표현하기입니다. 단원별로 A4 한 장에 그림 또는 마인드맵, 생각 그물로 읽은 내용을 표현해봅니다.

공부를 잘하는 아이들은 저마다의 정리법이 있습니다. 그림, 이미지 등으로 표현하거나 마인드맵, 키워드(key-word)를 통한 정리 등 다양합니다. 5단계를 반복적으로 연습하다 보면 아이들이 교과서의 긴 글을 스스로 정리해 머릿속에 넣는 연습을 할 수 있습니다. 나름대로 정리법도 만들어가죠. 평소 독서 습관이 잘든 아이들은 효과적으로 5단계를 수행할 수 있습니다. 책과 친하지 않은 아이들은 1~3단계를 반복해서 연습해보세요. 4단계와 5단계는 아이가 독서 습관이 익숙해졌을 때 효율성이 높습니다.

③ 역사책 읽기

5학년이 되면 사회 교과서에 역사가 나옵니다. 아이들이 재미없는 교과로 손에 꼽는 과목 탑 3 안에 드는 과목입니다. 아이들은 역사를 외우는 과목이라고 생각합니다. 역사는 암기보다는 시대적 흐름을 파악하는 과목입니다. 역사적 사건에는 큰 흐름이 있습니다. 조선이 개화하는 데는 여러 가지 원인과 결과가 있습니다. 결과는 또 다른 일의 원인이 됩니다. 원인과 결과를 통해 사건의 연관성을 파악해야 합니다. 역사를 배울 때 아이들이 연표를 그려보며 학습하도록 해보세요. 역사의 흐름 속에서 내용을 정리해보면 이해가 쉬워집니다. 시중에 유명 작가와 강사들의 여러 역사책이 있습니다. 역사 만화, 역사 동화, 역사 소설 등 많습니다. 아이와 함께 도서관에 가서 읽어본다면 역사 학습에 큰 도움이 될 것입니다.

5학년이 된 아이들은 글을 단편적이고 짧게 씁니다. 저학년 글쓰기로 회귀하는 성향을 보입니다. 글 살찌우기 활동을 통해 아이의 글을 다채롭게 만드는 연습을 해보세요. 피아제의 발달단계 이론에 의하면 4학년까지는 구체적 조작기에 속합니다. 주변에 호기심이 많고, 눈에 보이는 것을 토대로 상상하며, 직접 보고 체험한 것을 통해 글 쓰는 연습을 하는 것이 효과적인 시기입니다.

5학년부터 형식적 조작기에 접어듭니다. 형식적 조작기란 구체적으로 존재하지 않는 것을 사고하며 주어진 문제를 보이지 않는 조건을 활용해 논리적인 가능성으로 판단합니다. 즉, 추상적 사고력과 논리성이 길러지는 시기죠. 아이들이 추리 소설이나 모험기, 비현실적이며 미래 지향적인 책에 흥미를 보이는 이유입니다. 저학년 시기와는 다른 공상에 빠지고, 나는 누구인가에 관한 깊은 고민에 빠지기도 하죠. 글을 잘 쓰던 아이들도 "재미있었다."로 회귀하는 현상도 종종 보입니다.

5학년 국어 교과서를 보셨나요? 교과서 글쓰기의 빈칸이 넓습니다. 수업 시간에 토의와 토론도 많이 합니다. 아이들은 예전보다 자기 생각을 논리적으로 표현하는 수업 시간이 부담스러워집니다. "쓰레기 소각장을 우리 동네에 왜 설치하면 안 되나요?"라는 질문에 "냄새나요."라고 대답하는 아이가 교실에 절반 정도입니다. 아이들이 머릿속으로는 다른 생각을 떠올렸을 겁니다. 하지만 표현은 "냄새나요."에서 그칠 때가 많습니다. 따라서 글쓰기를 통해 표현하는 연습을 해야 합니다.

아이들이 글을 쓰기 위해서는 복합적인 사고력이 필요합니다. 이해력, 논리성, 창의성, 표현력 등 국어에 필요한 모든 능력을 종합하여 발생하는 것이 글쓰기입니다. 책을 많이 읽으며 다양한 독후 활동을 한 아이들은 글쓰기에도 큰 어려움을 보이지 않고 술술 해냅니다. 하지만 평소 책을 많이 읽지 않는 아이들은 글쓰기를 위해 먼저 읽는 교과서부터 이해하기 어려워합니다. 교과서를 이해하기 어려워하는데 더 상위 지능이 필요한 글쓰기를 할 수 있을까요? 따라서 생각 그물 글쓰기를 통해 흩어져 있는 생각들을 그물로 연결해보는 연습이 필요합니다. 뇌의 시냅스를 연결해 활성화하는 것과 같은 활동이죠.

생각 그물로 글쓰기는 테마별 일기 쓰기(3학년)와 오감 글쓰기(4학년)를 조금 더 구체적으로 접근해보는 단계입니다. 일기를 쓰려면 어떻게 해야 할까요? 대부분 가정에서는 "방에 들어가서 일기 써봐." "일기 쓴 것 좀 보자."라고 하는 게 일반적인 모습이라 생각됩니다. 유명한 인물들이 공통으로 한 이야기가 있습니다. "한 분야에서 가장 뛰어난 것을 보면, 저절로 사물이나 세상을 보는 뛰어난 안목이 생긴다."라는 말입니다. 일종의 '모델링 효과'와 같습니다. 백지상태에서 일기를 쓰라고 하기보다는 부모가 아이에게 먼저 쓴 일기를 보여주세요. 아이에게 가르쳐 주지 않고 일기를 써오게 한 다음, "이 부분과 저 부분이 잘못됐어."라고 말하면 아이의 마음에는 상처만 남습니다. 따라서 다음 내용을 참고해서 아이와 함께 써보세요. 일기 쓰기가 부담스럽다면 아이가 읽은 책을 생각 그물에 채워보는 것도 좋습니다. 책을 읽은 뒤 생각 그물에 채워 넣고, 생각 그물을 보며 다시 짧은 글을 써보세요. 순차적 사고 발달에 도움이 됩니다.

☑ 날짜와 요일, 날씨를 쓴다.

☑ 날씨는 맑음, 흐림보다는 날씨에 대한 자신의 느낌을 쓴다.
  - 햇빛이 따뜻해 기분이 좋아지는 날씨, 비가 와서 마음이 깨끗해지는 날씨 등

☑ 글감을 떠올린다.
  - 아이들은 쓸 내용이 없다고 계속 이야기합니다. 길에서 본 한 송이의 꽃, 점심으로 먹은 음식, 읽은 책, 아빠와 함께한 놀이 등 주변을 둘러보는 기회를 제공해보세요.

☑ 제목을 쓴다. 제목은 그날 있던 일 중 한 가지 일을 떠올리며 적는다.
  - 글감 중 한 가지를 정해 제목과 관련지어 씁니다.

☑ 최대한 자세하게 쓴다.
  - 일기의 중요한 점은 자신이 겪은 일을 솔직하게 적는 것입니다.
  - "재미있었다."보다는 "○○을 했던 활동이 재미있어서 또 하고 싶은 생각이 났다."와 같이 자신이 느낀 생각과 감정을 자세히 쓰도록 해보세요.

위의 내용은 일기 쓰기의 기초적인 단계입니다. 참고해서 일기 쓰기를 해보세요. 학급의 80%는 아래와 같이 단편적인 일기 쓰기를 합니다. 우리 아이의 일기 쓰기와 비슷한가요?

> 오늘 학교에 가던 중 학민이를 만났다. 모둠 활동 시간에 대표로 발표를 했다. 그리고 급식을 먹었는데 맛있어서 다 먹었다. 연극 발표를 준비하며 주인공 역할을 맡아 기분이 좋았다. 학교 끝나고 재민이네 집에 가서 게임을 하고, 집에 가서는 엄마와 보드게임을 했다. 그리고 동생에게 책을 읽어주고 잤다.

위의 글은 하루 중 있었던 일을 중요한 내용 없이 기억하는 순서에 따라 나열한 글입니다. 부모들은 질문합니다. "기억에 남는 일 없어?" 아이들은 대답합니다. "없는데." 한결같은 모습에 힘이 빠지기도 합니다. 하지만 아이들의 생각에는 정말 일기 쓸 내용이 생각나지 않을 수도 있습니다. 부모가 아이에게 생각하는 법을 가르쳐주세요. 글쓰기 능력과 기억력 향상을 위해서는 아이들의 사고를 자극하는 활동이 꼭 필요합니다.

아이들이 일기 쓰기의 글감을 어려워하면 생각 그물을 사용해보세요. 생각 그물은 수업 시간에 아이들의 생각의 폭을 넓히기 위해 많이 쓰는 기법입니다. 가운데 하나의 주제를 쓴 뒤 떠오르는 것을 주변에 모두 씁니다. 그리고 그물처럼 엮어 가며 내용을 구상해보는 방법입니다. 아래의 그림은 아이가 위에 쓴 일기를 생각 그물로 표현했습니다. 가운데 주제를 쓰고 떠오르는 일 8개를 순서대로 썼습니다.

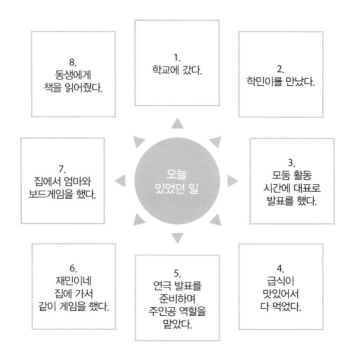

생각 그물을 만들고 일기를 써도 결과가 비슷한 경우가 많습니다. 이때 생각 그물을 한 번 더 적용해보세요. 위의 1~8번 중 하나를 주제로 잡아서 다시 구체적으로 써보는 활동이 필요합니다. 아이에게 8개의 주제에서 생각 그물을 이어나가게 해보세요. 지나치게 많다면 2~3개만 뽑아 생각 그물을 한 번 더 만들어보세요. 그리고 그중 가장 빈칸을 많이 채운 내용을 주제로 선정해 글을 쓰면 됩니다.

아래 표는 아이가 쓴 8개의 내용 중 3번 "모둠 활동 시간에 대표로 발표를 했다."에 다시 한번 생각 그물을 적용했습니다. 여덟 가지의 조금 더 구체적인 활동이 나왔습니다. 이를 토대로 다양한 꾸미는 말을 사용해 글을 쓰는 연습을 해보세요. 한글의 꾸미는 말은 대표적으로 의성어와 의태어가 있습니다. 5학년 아이들은 잘 사용하지 않는 표현들입니다. 아이들이 쉽게 접하는 동화책에도 많은 의성어와 의태어가 있습니다. 의성어는 사람이나 사물의 소리를 흉내 낸 말, 의태어는 사물이나 사람의 모양이나 태도, 행동 등을 묘사한 단어입니다. 처음에는 3개, 그다음에는 5개 이상씩 의성어와 의태어를 사용하게 하세요.

너무 떨렸지만 최선을 다해 발표를 했다.

국어 시간에 모둠별로 시 바꿔 쓰기 활동을 했다.

현수가 재미있는 표현 '방방', '부릉부릉'이라는 말을 사용했다.

누가 발표할지 고민하던 중 가위바위보에서 내가 졌다.

3. 모둠 활동시간에 대표로 발표를 했다.

준성이는 모둠 활동 시간에 항상 잘 참여하지 않는다.

친구들이 글씨는 내가 잘 쓴다고 이야기해서 큰 글씨로 시를 또박또박 한 글자씩 적어 내려갔다.

다양한 의견이 나왔고, 더 재미있는 표현으로 시를 정했다.

선생님께서 잘하고 있다고 다독여주셨다.

생각 그물 활동을 통해 다시 써본 일기

제목: 모둠 활동 시간에 내가 발표를 하다니…

5학년 장○○

오늘은 이상하게 설레는 마음을 한가득 안고 학교에 갔다.

그리고 드디어 문제의 3교시 국어 시간이 시작되었다.

선생님이 말씀하셨다.

"오늘은 모둠별로 시를 바꿔 쓰는 활동을 할 겁니다. 모둠 대형으로 바꾸세요."

모둠에 있는 아이들 중 준성이는 잘 참여하지 않는 아이고, 현수는 우리 반의 개그맨이다. 그리고 조용한 나와 더 조용한 영미가 우리 모둠 친구들이다.

예상대로 현수가 재미있는 여러 의견을 내기 시작했다.

'방방', '부릉부릉' 등 여러 가지 표현을 사용해가며 모둠 활동을 이끌어갔다.

선생님께서도 우리가 잘하고 있다며 칭찬해주며 지나가셨다.

칭찬을 들으니 기분이 괜히 으쓱해졌다.

영미와 나도 조심스럽게 의견 몇 가지를 추가하였고, 우리 시는 어느 정도 완성이 되어가는 듯했다.

시를 바꾸어 쓰는 것은 내가 하게 되었다. 친구들이 "○○아 네가 글씨를 잘 쓰니까 쓰는 게 어때?"라고 이야기했기 때문이다. 겉으로는 표현 안 했지만 어깨가 으쓱해지는 느낌이었다.

우리 모둠이 바꾸어 쓴 시를 보니 나도 모르게 풉 하고 웃음이 터져 나왔다.

현수가 과장을 하며 표현을 하는 탓에 우리 모둠은 모두 웃기 시작했고, 선생님에게 주의까지 받았다. 그리고 드디어 발표할 사람을 정할 때가 왔다.

당연히 현수가 할 줄 알았다. 그러나 현수가 슬금슬금 뒤로 빠지더니 결국 가위바위보를 하게 되었다.

'설마 내가 걸리겠어.'라는 생각으로 가위바위보를 하였는데 내가 지고 말았다. 심장이 쿵쾅쿵쾅 터질 것 같았다. 머릿속이 하얘지고 있는데 우리 모둠 차례가 되었다. 눈을 질끈 감고 벌떡 일어났다. 그리고 최대한 큰 소리로 발표를 하였다. 너무 떨리는 경험이었다.

걱정되긴 했지만 이번 경험을 통해 다음에는 발표를 더 잘할 수 있을 것 같다.

☑ 많이 쓰이는 의성어, 의태어

주르륵, 뽀드득, 꿀꺽, 첨벙첨벙, 주렁주렁, 아삭아삭, 칙칙폭폭, 사뿐사뿐, 떼굴떼굴, 보들보들, 쏙쏙, 미끌미끌, 깡충깡충, 덕지덕지, 뽀글뽀글, 데구루루, 뒹굴뒹굴, 보글보글, 영차영차, 바스락바스락, 지글지글, 치카치카, 흔들흔들, 슬금슬금

☑ 재미있었다, 또 하고 싶다, 밥을 먹었다 등 일기를 쓰면서 단편적인 사실만 나열하는 아이들이 많습니다. 아이가 경험한 내용을 함께 전·중·후로 분석해보세요. 김밥을 먹었다면 김밥을 먹기 전의 상황, 먹을 때의 느낌, 먹고 난 후의 소감으로 나누어보세요. 또한 4학년 때 배운 오감 글쓰기를 적용해 시각, 청각, 촉각, 후각, 미각의 감각을 하나씩 떠올려보게 한다면 훨씬 맛깔 나는 글쓰기가 가능해집니다.

☑ 간혹 일기에서 부정적인 표현을 많이 발견할 수도 있습니다. 바로 혼내기보다는 쓴 의도를 물어보세요. 아이들은 어휘력이 부족해 의도치 않게 잘못 표현하는 경우가 종종 있습니다. 대화를 통해 의도를 파악하고 아이

의 글쓰기가 존중받고 있다고 느끼게 해주세요. 글쓰기의 가장 기본은 자기가 쓰고 싶은 것을 쓴다는 것, 자기가 보고 느낀 그대로 써야 한다는 것입니다. 일기를 쓸 때 아이들은 자기 생각과 자신이 직접 느낀 것을 사실적으로 쓰기보다는 꾸며 쓰는 경우가 많습니다.

예를 들면 친구와 싸운 뒤 기분이 좋지 않고 사과할 생각도 전혀 안 듭니다. 하지만 일기를 쓸 때는 자신의 잘못을 인정하거나 사과하고 싶다고 쓰는 것이죠. 아이들이 쓴 일기에는 자신의 감정이 잘 드러납니다. 하지만 시간이 지나며 부모님의 피드백으로 인해 점차 거짓 일기를 쓰기도 합니다. 누군가에게 검사 맡는 글이라고 생각하기 때문이죠. 아이들이 글쓰기의 올바른 목표를 달성하기 위해서는 사실대로 쓰는 연습을 해야 합니다.

① 메모하며 읽기

메모하며 읽으면 책을 다시 읽지 않아도 책 내용이 연상됩니다. 책을 다시 한번 읽는 효과가 나타나는 셈이죠. 책을 읽을 때 책갈피에 기억에 남는 내용을 쓰게 해주세요. 그리고 책갈피를 모아 보세요. 책 한 권이 멋지게 요약되어 있을 겁니다. 책을 읽으며 메모해본 아이와 그렇지 않은 아이는 많은 차이가 있습니다. 평소에 글을 써본 아이는 학교에서 사용하는 공책에 그날 배운 내용의 주제를 간략하게 요약할 수 있습니다. 평소 메모하기를 많이 연습했다면 학교 수업 시간에 하는 공책 정리도 잘할 수 있게 됩니다. 정독하는 연습을 위해 책 내용을 정리해보는 활동이 도움이 됩니다. 아이가 지식의 구조를 습득하는 데 효과적입니다. 읽은 책의 내용을 마인드맵, 그림, 비주얼 싱킹, 만화 등 다양한 방식으로 표현해보세요.

② 밑줄 치며 읽기

아이와 책 읽기가 익숙해졌다면 밑줄 치며 읽기를 해보세요. 밑줄 치며 읽기는 줄글로 된 글을 읽는 아이들에게 적용하기 좋은 방법입니다. 동화책도 글씨가 많다면 적용할 수 있습니다. 아이가 책을 읽으며 주요 인물, 중요한 사건, 감정의 변화가 일어나는 곳에 밑줄을 쳐보세요. 처음 읽을 때는 연필로 연하게 줄을 그어보세요. 두 번째 읽을 때 주인공에는 동그라미, 중요한 사건에는 노란색 형광펜, 감정의 변화에는 초록색 형광펜으로 색을 칠해보세요. 아이가 책 한 권의 내용을 온전히 기억하고 이해하는 데 도움이 됩니다. 밑줄을 치며 그곳에 밑줄을 친 이유를 물어보세요. 도서관에서 빌린 책은 밑줄 치기 대신 공책에 옮겨 적거나 포스트잇으로 표시하는 방법으로 대신합니다.

③ 국어사전 활용하며 읽기

고학년이 되면 국어사전을 활용하여 다양한 단어의 뜻을 파악해보세요. 어휘력을 기르려면 국어사전과 친해져야 합니다. 국어사전은 초등학생용과 일반용이 있습니다. 4학년 수준에서는 초등학생용, 5~6학년은 성인용을 활용할 수 있습니다. 우선 아이가 책을 읽으며 모르는 내용이 나오면 모르는 단어를 포함한 문장과 문단을 3번 소리 내어 읽어보세요. 단어 뜻을 유추하지 못한다면 별도의 공책에 써보세요. 그리고 책을 다 읽고 난 후 모르는 단어를 한 번 더 읽어보세요. 마지막으로 아이와 함께 국어사전을 활용해 찾아보세요. 국어사전에는 단어의 여러 가지 뜻, 비슷한 말, 반대말, 예문이 모두 포함되어 있습니다. 아이는 국어사전 자체가 신기하고 재미있는 학습 도구입니다.

④ 발달단계에 맞는 책 읽기

아이와 책을 고를 때 한 페이지에 모르는 단어가 5개 이상이면 아이 수준에 맞지 않는 도서입니다. 모르는 단어가 3~4개면 아이 수준에 적합한 책이고, 모르는 단어가 2개 이하라면 아이 수준보다 쉬운 책입니다. 아이가 평소에 책 읽기를 좋아한다면 모르는 단어가 3~4개 정도 되는 책을 읽어보세요. 아이의 호기심을 유발하며 어휘력도 기를 수 있습니다.

도서관이나 독서 전문가들이 만들어 배포하는 추천 도서는 해당 학년의 수준에 적합한 도서입니다. 하지만 추천 도서를 아이에게 모두 읽게 하는 것은 바람직하지는 않습니다. 해당 학년 어휘력을 갖추고 있는지 확인하고 싶다면 읽어보세요. 모두 읽어내고 내용까지 기억한다면 잘하고 있는 겁니다. 또한 아이가 읽은 책의 리스트를 만들어보세요. 하나씩 채워가는 성취감을 느낄 수 있습니다.

요즘 아이들은 스마트폰과 컴퓨터를 통해 수많은 게임을 합니다. 단순한 퍼즐 게임에서부터 레벨을 키우는 게임까지 다양한 게임을 즐깁니다. 가끔 하는 게임은 삶의 활력소와 스트레스 해소로 아이들에게 긍정적인 영향을 미칩니다. 하지만 아이 스스로 게임을 제어하기란 쉽지 않습니다. 공부와 다르게 게임은 다양한 변화와 시각적 효과, 노력의 대가가 비교적 명확하게 드러납니다. 공부보다 게임을 좋아하는 아이들이 많은 이유죠. 우리 아이는 게임을 얼마나 하는지 체크리스트를 통해 한번 알아볼까요?

질문	체크
① 게임 속의 내가 현실의 나보다 더 멋지다.	
② 잠을 자는 것보다 게임하는 것이 좋다.	
③ 게임을 하지 말아야지 생각하지만 어느새 게임을 하고 있다.	
④ 게임으로 인해 학교가 재미없게 느껴진다.	
⑤ 게임 때문에 해야 할 일을 안 할 때가 있다.	
⑥ 게임에서 사귄 친구들과의 대화가 부모나 친구들보다 더 잘 통한다.	

⑦ 평소에도 게임 생각이 머리에 맴돈다.	
⑧ 누군가 게임을 못 하게 하면 화가 나고 참기가 힘들다.	
⑨ 새벽까지 몰래 게임을 한 적이 종종 있다.	
⑩ 게임 캐릭터 대사, 행동을 따라 한다.	
⑪ 평소 친구들과의 대화 주제가 게임이 많다.	
⑫ 게임 속에서의 행동을 실제로 해보면 재밌겠다는 생각이 든다.	

출처: 한국정보문화진흥원

12개의 문항 중 체크한 항목이 3개 이하라면 아직 게임을 즐기는 단계입니다. 관찰을 통해 아이가 게임하는 성향을 지켜보세요. 6개 이하라면 꾸준한 관심으로 게임보다 다른 흥미로운 일에 집중할 수 있도록 도와주세요. 8개 이상 체크가 되었다면 게임 중독이 의심됩니다. 게임 중독은 아이의 뇌 발달을 저해하는 가장 결정적 요소입니다. 이해와 판단을 담당하는 전두엽의 성장을 저해해 학습 능력 감퇴와 감정 조절 능력을 떨어뜨립니다. 심각하게 받아들여 가족회의를 통해 게임 시간을 조절해야 합니다. 정해진 시간만 게임을 하고 그만큼 독서, 공부하는 시간을 가져야 합니다.

게임을 한 번에 못 하게 하는 것은 여러 부작용이 큽니다. 공격성이 드러날 때도 있죠. 게임을 차츰 줄이며 독서 시간을 늘려가거나, 캐주얼 게임이나 단판성 게임 등으로 접근해보세요. 특히 레벨을 올리거나 스토리로 진행되는 게임의 중독성이 높다고 알려져 있습니다. 게임을 못 하게 하면 유튜브로 빠지는 아이들도 있습니다. 유튜브를 아이들이 본다면 연예인, 만화, 게임하는 시간만큼 부모님이 정한 채널의 영상 또는 학습을 함께 하게 해주세요. 1:1 비율로 시작해 차츰 유튜브 비율을 낮춰주세요. 간혹 유튜버가 꿈인 아이들이 있습니다. 이 아이들은 짧은 영상이라도 올려 체험해보게 해주세요. 유튜브 시청보다 교육 효과가 큽니다.

PART 7

초등학교 6학년,
부모의 관심이 아이를 바꾼다

6학년 자녀와 앞으로 대학 입학까지 남은 6년의 시간에 대해 진지하게 대화를 나누어보세요. 부모가 학습에 대한 자신의 의견을 제시하거나 함께 공부법을 의논하는 것입니다. 간혹 부모가 학습의 모든 것을 정해주는 모습을 볼 수 있습니다. 물론 부모의 정보력이 뛰어날수록 아이가 효율적으로 공부할 수 있습니다. 고등학교, 대학교 때까지 아이 학습의 모든 것을 책임질 수 있다면 이 방법도 좋습니다. 그렇지 않다면 아이 스스로 할 수 있는 밑거름이 되어주세요.

부모가 모든 것을 다 해주는 아이는 자신의 의견을 표현하거나 스스로 주인공이 되어야 할 때 어려움을 겪습니다. 지나친 부모의 간섭은 아이를 응석받이로 만들 수도 있습니다. 6학년 아이들이 다 컸다고는 하지만 아직은 어립니다. 모든 권한을 넘겨줄 수는 없습니다. 따라서 아이의 의견을 듣고 함께 조율하며 학습에 접근해보세요. 고학년이 되면 아이들 문제를 부모가 풀어주기에도 난이도가 쉽지 않습니다. 부모의 잔소리도 더는 잘 통하지 않고, 오히려 잔소리하면 관계가 틀어지는 경우도 생깁니다.

스스로 공부할 줄 모르는 아이는 학원 100곳을 다녀도 성적이 똑같습니다. 초등학교 시기에 공부를 못해도 괜찮다고, 중학교 가서 남자아이들은 정신 차려서 공부한다는 이야기도 주변에서 종종 들려옵니다. 이 역시 아이가 기본적인 생활 습관, 독서 습관, 끈기, 지식 등이 있을 때야 가능한 이야기입니다. 무작정 하는 기대보다는 아이 스스로 습관을 지닐 수 있도록 많은 도움을 주세요. 지반을 다지지 않은 채 지은 집은 금세 무너지고 맙니다.

☑ 왜 해야 하나요?

아이가 공부에 집중하기 위해서는 아이가 외부 요인으로부터 안정감을 느껴야 합니다. 가족으로부터의 사랑, 또래 집단의 소속감, 내가 좋아하는 연예인에 대한 만족감, 멋지게 보이고 싶은 외모 등 여러 가지 요인이 충족되어야 학습에 집중할 수 있습니다. 끈기와 인내심이 있는 아이들은 외부 요인이 충족되지 않아도 스스로 학습에 최선을 다하기도 합니다. 따라서 부모는 아이와의 대화를 꾸준히 이어가야 합니다. 청소년 사망 원인 1위가 자살입니다. 아이가 힘든 일이 있는지, 학교에서는 별일 없는지 알아보세요. 함께 사는 부모가 가장 잘 알 수 있지 않을까요?

최근에는 카카오톡 방에 갑작스럽게 초대한 뒤 집단으로 욕설을 하는 사이버 폭력이 많이 발생합니다. 카카오톡 감옥이라고 불립니다. 방에서 나가도 계속 초대해서 같은 행위를 반복합니다. 페이스북에서도 모르는 언니, 형의 메시지, 동네에서 한 학년 선배로부터의 두려움 등 아이들은 많은 외부 요인에 노출되어 있습니다. 원만한 관계를 통해 잘못된 부분을 파악하고 해결해주세요. 아이 혼자서는 극복할 수 없는 부분도 많습니다.

아이가 공부 외적으로 학습에 어려움을 겪을 수 있는 시기입니다. 교우 관계, 왕따, 스마트폰, 성인 영상 등 공부 외적인 부분에 대한 부모의 관심이 필요합니다. 이를 위해 평소 솔직한 대화를 주고받는 분위기가 필요합니다. 미국의 심리학자 스탠리 홀은 『사춘기』에서 이 시기를 "폭풍과 긴장의 시기"라고 표현했습니다. 올바른 자녀 대화법으로 접근해보세요. 많은 부모는 아이의 사춘기의 참된 모습을 보며 계속 꾹 눌러 담으며 참습니다. 그리고 진지하게 이야기합니다. 부모가 "이야기 좀 하자. 거기 앉아봐."라고 하면, 아이는 듣는 순간부터 긴장하고 자리를 피하고 싶은 느낌을 받습니다. 대신 아이가 좋아하는 음식을 먹으며 "요즘 자주 (생각)하는 게 뭐야? 아이돌? 게임? 친구?" 하고 접근해보세요. 아이들도 자신의 관심 분야에 대해서는 꽤 많은 지식과 정보가 있습니다. 아이와의 대화에서 훈계하기보다는 "재미있겠다." "아빠도 같이 해봐도 될까?" 등으로 경청하고 공감해주세요.

부모와의 관계로 힘들어하는 아이들도 많습니다. 어렸을 때는 칭찬과 격려를 받았는데 자라며 변한다고 말합니다. 오히려 혼나는 시간이 늘어나고 함께하는 시간이 줄어들면, 자연스럽게 멀어지고 대화도 하지 않는 전형적인 패턴으로 변합니다. 잔소리는 아이를 변화시키지 못하며 반항심과 거리감만 만들어냅니다. 가까운 사이일수록 존중하고 배려하는 문화가 필요합니다. 6학년 아이들은 자신이 모든 것을 알고 판단할 수 있는데 부모가 간섭한다고 생각합니다. 아이가 자신만의 시간을 가질 때는 존중해주고, 함께 마주 보며 이야기하는 시간을 따로 가져 보세요. 부모가 먼저 아이의 말에 귀 기울이고 이해해 준다면 아이도 마음을 표현하는 때가 오지 않을까요?

☑ 실천해봅시다!

① 장황한 설명은 No

아이들은 줄임말을 사용하며 LTE를 뛰어넘은 5G 시대에 살아가고 있습니다. 부모의 장황한 설교는 지겹고 듣기 싫은 이야기로 생각합니다. '설교'보다는 '마음'을 전달해주세요. 유명한 명강사의 강의도 같은 내용을 두 번 듣거나 정해진 강의 시간보다 길어지면 지겹습니다. 부모의 말은 더 짧고 간결해야 합니다. 특히 말보다 행동으로 보여주는, 보스(Boss)가 아닌 리더(Leader)의 리더십을 보여주세요.

② 한 번에 하나의 주제만

아이와 대화하다 보면 불현듯 아이가 예전에 했던 잘못이 떠오릅니다. 혹은 평소 마음에 들지 않았던 부분으로 대화가 변형되는 경우가 많습니다. 옷차림, 최근 생활 태도 등 하고 싶은 말이 계속 떠오르죠. 현재에 집중해 보세요. 대화의 주제는 시작한 그대로 끝내주세요. 긍정적인 이야기를 하다가 불현듯 혼나게 되면 아이는 부모와의 대화가 부담스러워질 수 있습니다.

"아이는 부모의 거울이다."라는 말이 있습니다. 잔소리의 기본은 아이에게 필요한 정보를 제공하는 것입니다. 간혹 평소에 자세히 설명해 주지 않은 채 잘못할 때만 혼내는 부모들이 있습니다. 아이들은 아직 배울 것이 많습니다. 부모가 설명해 주지 않은 행동을 아이가 잘못했을 때는 혼내기보다는 행동의 잘못된 이유를 분명히 설명해주세요. 부모의 권위를 위해서는 평소 모범을 보이고, 하나씩 반복적으로 설명해야 합니다. 아이와의 식사 시간, 평소 생활할 때, 웃어른을 만날 때 등 상황에 따라 가르침을 주세요. 한 번에 하나씩 설명한다면 충분히 아이도 따라 할 수 있습니다. 아이 잘못의 세 번 중 한 번은 부모에게서 배운 것이라고 합니다. 항상 좋은 모습을 보이기 위해 노력해보세요.

③ 긍정적인 이야기가 좋아요

부모의 눈에 자녀가 잘못된 길로 가는 고집을 부리거나 마음에 들지 않는 행동을 할 때, 무심코 자녀에게 부정적인 이야기를 할 수 있습니다. "네가 며칠이나 가나 보자." 하는 등의 말은 아이에게 상처만 남깁니다. 아이가 올바른 길로 가길 바라는 마음이지만, 아이들은 '우리 부모님이랑은 말이 안 통해.'라고 결론짓습니다. 별 뜻 없이 화가 나서 던진 말이라도 아이에게 상처가 되어 아이와의 대화가 단절될 수 있다는 점을 알아주세요. 긍정의 단어를 최대한 활용해 아이와 대화해보세요.

④ 명확한 규칙

여러 연구에서 가장 효과적인 부모상은 '수용적인 부모'라고 알려져 있습니다. 간혹 '수용적'이라는 의미와 '방임적' 의미를 혼동할 때가 있습니다. 수용적 부모는 아이의 감정과 생각을 수용적으로 들어주지만 명확한 규칙이 있습니다. 해야 할 것과 하면 안 되는 것을 사전에 명확히 인지하도록 합니다. 하지만 방임적 부모는 명확한 규칙 없이 아이가 하는 모든 것을 받아주는 부모입니다. 아이가 응석받이나 학습 부진아가 될 가능성이 가장 높은 양육 방식이죠. 또한 방임적인 부모는 아이의 신뢰와 존경을 받지 못합니다. 따라서 아이에게 규칙을 명확히 제시하는 연습을 통해 아이가 어떻게 행동해야 하는지를 깨닫도록 해야 합니다. 명확한 규칙 아래서 자란 아이들이 학교생활에도 잘 적응하고 창의력도 더 높아진다는 연구 결과가 있습니다.

⑤ 가족 토론회

아이들은 비판적 사고력이 발달하여 토론 능력이 발달하기 시작합니다. 올바른 근거는 아닐지라도 자신의 주장을 나름의 근거를 들어 설명할 수 있죠. 가정에서 가족회의를 통해 토론 능력을 길러주세요. 가족회의를 통해 중요한 내용을 결정해보는 건 어떨까요?

만약 아이가 새로운 스마트폰을 가지고 싶다는 안건을 제안하면 정해진 날 부모와 아이가 거실에 모여 앉습니다. 토론 전 토론의 규칙을 명확히 이해합니다. 상대를 이기기 위한 토론이 아니며 화를 내지 않습니다. 아이와 부모는 서로의 주장과 근거를 이야기하며 대화를 이어갑니다. 상대방에게 걱정스러운 부분, 아쉬운 부분 등을 함께 이야기하면 가족 관계도 덩달아 좋아질 수 있습니다. 토론을 마치고 아이가 부모에게 '스마트폰 제안서'를 제출합니다. 토론을 통해 자기 생각과 부모의 생각을 고려해서 내린 결론에 대한 글입니다. 자신의 목표를 위한 글쓰기는 아이를 더 집중하게 하고 자라나게 합니다. 자식 이기는 부모는 없습니다. 이왕 사주거나 허용할 스마트폰을 위해 글쓰기를 활용하는 것도 좋지 않을까요?

제목: 스마트폰 제안서	
나의 주장과 근거	친구들이 모두 가지고 있는 스마트폰이 저는 없습니다. 연락하기가 쉽지 않아 친구들과 멀어질까 염려됩니다.
	수업 시간에 스마트폰을 사용할 때가 있습니다. 그럴 때마다 친구들의 스마트폰을 빌려 쓰기 때문에 마음대로 사용하기가 어렵습니다.
부모님의 걱정에 대한 대답	공부에 방해된다고 하셨는데 시간을 정해서 사용하겠습니다. 잘 때 스마트폰은 거실에 놓고 자겠습니다. 집에서 1시간 이상씩 공부하겠습니다.
확인	자녀 이름: 홍길순 (인) 부모 이름: 홍길동 (인), 홍길자 (인)

자기주도학습법을 통해 체계를 다져요

자기주도적 학습법이란 스스로 공부의 계획을 설정하고, 아는 것과 모르는 것을 구별하며, 여러 학습 전략을 구성하고 실천하여 목표를 달성하는 방법입니다. 다양한 문제집에 익숙해진 아이들은 6학년이 되면 문제를 엄청난 속도로 해결합니다. 빨리 해결하면 쉴 수 있기 때문입니다. 평소 아이들은 문제집을 통해 엄청난 양의 문제를 반복하여 공부합니다. 문제를 재빨리 푸는 능력에 탁월함을 보이죠.

문제를 재빨리 해결하고 정답을 맞히는 데 열중인 아이들은 학교 수업을 어떻게 생각할까요? 선생님의 설명은 듣지 않아도 되고 이해하지 않아도 됩니다. 설명을 듣지 않아도 문제는 대부분 풀 수 있기 때문입니다. 초등학교 시기부터 수업 태도를 올바르게 하는 연습을 해보세요. 중고등학교 내신이 좋은 아이 중에서 학교 선생님의 설명을 듣지 않는 아이는 없습니다. 학교에서 배운 내용에서만 시험 문제가 출제되기 때문입니다. 따라서 수업 시간에 선생님이 하는 말, 학습지, 필기 모두 하나도 놓칠 수 없는 부분입니다.

6학년 담임을 하면서 느낀 점은 아이들이 저학년 때와는 다르다는 것입니다. 6학년이 되면 수업 시간을 지겨워하는 아이, 선생님 설명을 5분 이상 못 듣는 아이가 꽤 많습니다. 초등학교 저학년 시기는 산만하긴 하지만 선생님 설명을 놓치는 아이는 많지 않습니다. 고학년이 되면 멍하니 있는 아이들이 많아집니다. 떠들면 혼나기 때문에 떠들지는 않습니다. 대신 수업을 듣지 않습니다. 간혹 엎드려 자는 아이도 있습니다. 시간을 내서 대화를 나누어보면 공부가 정말 재미없고, 이해하지도 못하겠다는 이야기를 많이 합니다. 결국 학습과 멀어지는 아이들을 많이 봅니다. 자기주도적으로 학습하는 힘을 길러주세요. 공부에 스트레스를 받지 않고 공부를 자유자재로 지휘하는 마에스트로가 될 수 있습니다.

☑ 자기주도학습을 해야 하는 이유

자기주도적 학습법은 아이의 평생 성적의 밑거름이 됩니다. 가장 효과적인 공부는 아이가 모르는 부분을 다시 되짚어보는 것입니다. 자기주도학습은 아이의 체계성을 길러줍니다. 계획하며 생활하는 습관을 만들어주죠. 모르는 것도 그냥 넘어가지 않는 신중함을 길러줍니다. 가정에서 부모의 도움이나 학교, 학원의 도움을 받을 수 있습니다. 계획을 세워 실천하기를 반복해보세요. 국어와 영어의 모르는 어휘는 형광펜으로 칠한 뒤 시간이 날 때마다 반복해서 읽어보는 연습을 해보세요. 수학은 오답 노트, 사회는 교과서를 꼼꼼히 읽어보세요. 학원은 아이가 모르는 문제를 다시 설명해주고 함께 탐구해볼 수 있는 개인별 학원이나 공부방이 효율적입니다. 한 번에 너무 많은 아이가 함께하는 수업은 자기주도학습 측면에서는 다소 효율성이 떨어집니다.

아이들은 설명을 듣고 문제를 해결합니다. 많이 틀린 아이들은 자신이 틀린 것을 나서서 물어보지 않습니다. 문제를 많이 틀려 부끄럽기 때문입니다. 또한 공개적인 교실에서 따로 설명을 듣는 건 더 싫습니다. 간혹 설명을 듣더라도 주변이 더 신경 쓰여 설명 내용에 집중하지 못합니다. 이 시간이 끝나기만 기다리죠. 학교에서 많이 틀리고 설명도 듣지 못한 우리 아이는 어떻게 공부해야 할까요?

아이들은 혼자 공부하는 시간이 꼭 필요합니다. 자기주도학습법은 모르는 부분, 틀린 내용을 지속해서 탐구할 기회를 줍니다. 모든 문제를 다 틀려도 좋고, 다 이해가 안 되어도 좋습니다. 부끄러움 없이 다시 돌아가서 학습하면 되기 때문입니다. 학교, 학원에서처럼 내가 틀린 문제를 부끄럽게 드러낼 필요도 없습니다. 처음부터 모든 내용을 알 수는 없습니다. 모르는 것은 알아가는 과정이 꼭 필요한 이유입니다. 스스로 책상에 앉아 교과서를 펼치고 모르는 내용을 찾아보며 학습하는 것이 자기주도학습법입니다.

아이가 올바르게 자기주도학습법을 실천하는지 확인해보는 학습 활동 점검 체크리스트입니다. 한번 체크해보고 못함에 표시가 6개 이상 되어있다면 아이와 함께 자기주도학습법을 실천해보세요.

학습 활동 점검 체크리스트

질문	잘함	보통	못함
1. 공부할 학습 목표를 알고 있다.			
2. 공부할 내용을 수업 전 살펴본다.			
3. 공부에 필요한 준비물을 챙기고 수업을 준비한다.			
4. 스스로 질문하고 대답하며 공부한다.			
5. 학습 내용을 한 문장으로 요약할 수 있다.			
6. 학습 내용을 내 생각과 비교해 말할 수 있다.			
7. 중요한 내용은 따로 표시하거나 적으며 공부한다.			
8. 지금보다 더 효과적인 공부 방법이 궁금하다.			
9. 수업 시간 나의 태도를 반성한 적이 있다.			
10. 부족한 점은 다시 공부해서 메우려고 한다.			
11. 수업 시간에 모르는 내용을 질문하거나 스스로 찾아본다.			
12. 나의 학습 방법에 대해 만족한다.			

☑ 실천해봅시다!

자기주도학습을 위해서는 부모의 적극적인 노력이 있어야 합니다. 학원이 대신해주던 것을 부모가 집에서 함께 해야 합니다. 아이에게 적합한 수준의 학습 내용 및 문제집을 선정해주세요. 제일 처음에는 아이가 모두 다 맞을 수 있는 쉬운 문제집을 고르세요. 수학은 연산에 대한 자신감이 필수입니다. 성취감을 느껴 앞으로 나아갈 힘을 주세요. 국어는 아이와의 책 읽기와 다양한 독후 활동하기, 사회는 사회 교과서 읽기, 교과서 속 장소로 여행 떠나기를 해보세요. 과학은 다양한 과학 실험하기, 교과서 실험 키트를 구매해 함께 해보세요. 부모가 학원의 역할을 해 아이의 주도성을 길러주세요. 교과 중 아이가 특히 흥미를 보이는 쪽에 집중하여 학습해보세요. 아이가 배우는 즐거움을 깨닫고 과제에 집중하는 모습을 볼 수 있습니다.

또한 책상에 앉아있는 시간을 정해야 합니다. 처음에는 10, 20분에서 1시간까지 앉아있는 연습을 해보세요. 바른 자세로 앉아서 시간을 견디는 만큼 '인내심'이 길러집니다. 아이가 힘들어하는 모습이 안타까워도 꾹 참아보세요. 아이가 고등학교 때 성적 때문에 힘들어하는 모습에 비하면 참을 만하지 않을까요? 아이의 성취감과 인내심을 길러주는 활동을 하고, 적극적인 지지가 필요합니다.

"최선을 다하고 있어."
"책을 열심히 읽고 있구나."
"모르는 문제도 끈기를 가지고 해결하고 있구나."
"이제 의자에 잘 앉아있는구나."

다그치기보다는 과정을 많이 칭찬해주세요. 결과에 대한 칭찬보다는 아이가 혼자 학습하고 있는 모습에 대한 칭찬이 올바른 학습 태도를 지닌 아이를 키워냅니다.

다음 그림은 각 활동을 할 때 아이들 머릿속에 남는 평균 기억률입니다. 어떤 활동에 참여할 때 수업을 듣는 것은 5%, 읽는 것은 10%가 기억에 남는다고 합니다. 학교와 학원에서 배운 내용은 5% 정도가 기억에 남는다고 생각하면 됩니다. 피라미드를 보면 듣고 보기, 시연하기, 집단토의, 연습,

가르치기 순서로 기억률이 점점 높아집니다. 최근 학교에서 역할극, 토의, 토론을 강조하는 이유입니다.

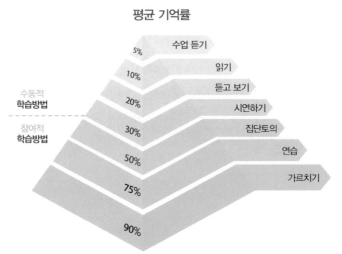

평균 기억률

5% 수업 듣기

10% 읽기

듣고 보기

수동적
학습방법
20% 시연하기

참여적
학습방법
30% 집단토의

50% 연습

75% 가르치기

90%

출처: National Training Laboratories, Bethel, Maine

여기서 눈여겨볼 점이 있습니다. 배운 내용을 친구나 부모 등 주변 사람에게 가르치는 것은 90%나 기억에 남습니다. 또한 연습하는 것은 75%나 기억에 남습니다. 자기주도학습은 연습과 가르치기를 모두 충족하는 방법입니다. 아이가 스스로 공부하고 복습하며 부모에게 설명하는 시간을 가져보는 건 어떨까요? 부모와 함께 하는 시기를 지난 6학년 아이들은 혼자 이야기하며 공부하는 연습을 해보세요.

혼자 이야기를 하며 공부한 적 있으신가요? 자신에게 설명하는 것도 다른 사람에게 설명하는 것과 동일한 효과가 있다고 합니다. 자신이 말한 내용이 귀로 다시 전달되며 2번 학습이 된다고 해요. 실제로 아이들에게 배운 내용을 물어보면 대답하지 못합니다. 안타깝게도 말로 표현할 수 없는 내용은 아이가 알고 있는 지식이 아닙니다. 아이와 함께 스스로 설명하기를 꾸준히 연습해보세요. 청중 앞에서 이야기해 본 부모들은 알 것입니다. 내가 공부해서 아는 것과 남들에게 이야기하는 것은 큰 차이가 있습니다. 설명하기 위해서는 한 번 더 공부하는 과정과 깊은 이해가 필요하기 때문입니다.

아이의 말대꾸, 고전으로 다스려요

사춘기 아이와 독서 활동을 하기 위해서는 올바른 대화가 전제되어야 합니다. 고학년이 되면 아이들은 '나 자신'에 대해 많이 고민합니다. 부모의 따뜻함이 아이를 비뚤어지지 않고 곧게 자라게 하는 원동력이 될 수 있습니다. 억압적인 독서보다는 스스로 목표를 설정하는 힘을 북돋아 주는 것이 필요합니다. 아이들의 말로 상처받는 부모가 많습니다. 반대의 경우도 많지요. 다양한 독서 중 고전을 읽어보면 어떨까요? 공부의 시작은 독서입니다. 독서는 어휘력과 밀접한 관계가 있습니다. 그중 고전은 특히 어휘력 신장과 침착함에 도움을 줍니다. 고전 독서를 통해 아이가 한 단계 도약하는 기회를 가져보면 어떨까요?

① 고전 읽기

고전에 나오는 세계와 지금의 세계는 매우 다릅니다. 가치관도 다르고 세상도 다릅니다. 화폐와 옷차림도 바뀌었습니다. 사람들의 성향과 직업도 모두 다릅니다. 아이들의 현재 흥미 분야는 승패가 있고, 시시각각 변하고, 통통 튀는 상황입니다. 고전은 이와 다릅니다. 정반대의 경험을 해본다는 것도 고전을 읽어야 하는 하나의 이유입니다. 지금과 전혀 다른 시대 분위기 속에서 쓰인 작품입니다. 고전 속 인물들은 모범적이고, 역경을 딛고 일어서며, 다양한 상황과 위기를 슬기롭게 극복하면서 우리에게 교훈을 줍니다. 새로운 가치를 깨닫게 될 수 있죠.

우리가 고전을 읽을 때, 고전이 담고 있는 가치관과 나의 가치관이 상호작용합니다. 고전의 가치관이 나에게 영향을 미치고 반대로 나의 가치관도 고전에 영향을 미칩니다. 『연어』를 읽고 새로운 가능성에 대한 희망을 잃지 않는 가치관을 얻었다면, 반대로 아이의 "내가 제일 소중해."라는 가치가 『연어』에 투영될 수도 있습니다. 내가 제일 소중하다는 것과 연어의 배려와 희생의 교집합이 아이의 가치관으로 새롭게 탄생하게 됩니다. 『연어』, 『명심보감』, 『별』, 『어린왕자』, 『논어』를 읽어보세요. 아이의 책 읽기 수준이 높다면 『도덕경』도 추천합니다.

② 주제 파악하며 읽기

고학년 국어 교과서에는 설명문, 논설문, 문학, 비문학, 기사 등 여러 가지 글이 나옵니다. 아이들이 다양한 종류의 글을 접하며 익숙해지도록 연습해보세요. 아이들은 고학년용 동화책인 장편 동화, 추리 소설, 청소년 문학, 에세이 등 여러 장르에 흥미를 보입니다. 학습 만화와 동화책에 흥미를 보이는 아이들도 많습니다. 아이들에게 책을 읽어보며 주인공이 하고 싶은 말을 찾아보는 연습을 해보세요. 긴 글을 읽기 어려운 아이는 종이 신문에서 자신이 흥미 있는 분야를 찾아 읽고 스크랩한 후 중요 문장을 써보세요. 중심 문장을 옆에 적고 자기 생각을 써보세요. 두세 줄씩 쓰다 보면 글을 분석적으로 보는 눈이 커집니다.

③ 슬로 리딩

한 권의 책을 천천히 깊게 읽어 내 것으로 만드는 독서 방법입니다. 한 권의 책을 천천히, 나누어 반복해서 읽으며 단어와 문장의 구성을 깊이 이해합니다. 책 한 권을 2주에 나누어 조금씩 읽으며 느낌을 지속해서 공유해보세요. 다양한 독후 활동과 연계됩니다. 독서 중 가장 높은 수준의 독서 방법입니다. 아이와 함께 슬로 리딩을 위한 책을 선정해보세요. 아이가 한 번 읽고 이해할 수 있는 동화책이 아닌, 수준이 있는 도서로 선정하세요. 『그 많던 싱아는 누가 다 먹었을까』, 『난쟁이가 쏘아올린 작은 공』, 『괭이부리말 아이들』, 『거짓말 학교』, 『몽실언니』, 『갈매기의 꿈』 도서를 추천합니다. 아이 수준에 맞는 도서를 선정해 실천해보세요.

6학년 아이들은 비속어를 많이 사용합니다. 부모와 선생님, 어른들 몰래 비속어를 씁니다. 비속어는 아이의 뇌를 공격적으로 만들고 생각의 깊이를 얕게 합니다. 얕아진 생각은 글을 짧게 쓰는 버릇을 만들고, 수업 시간 글을 써야 하는 활동에 적응하지 못하게 만듭니다. 글쓰기에서조차 줄임말, 은어를 무의식중에 쓰는 아이도 많습니다. 또한 아이들의 글에서 생명력이 없어집니다. 글을 읽어도 살아있다는 느낌보다는 억지로 꾸며내 쓴 글이라는 느낌을 강하게 받습니다.

어휘력과 올바른 문장을 함께 익힐 수 있는 '필사'를 해보세요. 좋은 문장과 구성을 따라 써보며 자연스럽게 익힐 수 있습니다. 작가를 희망하는 문하생 대부분은 문학 작품을 필사합니다. 필사란 작품성이 뛰어나거나 본인의 기호에 맞는 도서를 처음부터 끝까지, 혹은 기억에 남는 부분을 그대로 옮겨적는 것입니다. 아이가 5학년까지의 글쓰기를 모두 익숙하게 수행한다면 긍정적인 영향을 미칠 수 있습니다. 하지만 앞의 단계가 완벽하지 않다면 일종의 '깜지'로 전락하는 활동입니다. 필사는 글의 어휘와 문체를 익히기 위해 하는 활동입니다. 필사는 꼭 앞 단계를 마친 뒤 해주세요. 아이들이 필사를 통해 어휘력과 문체를 익힌다면 올바른 글쓰기, 깊은 학습이 가능하지 않을까요?

① 고전 인문의 중요성

고학년이 되면 성인 도서에 흥미를 보이는 아이들이 많이 보입니다. 어른들이 읽는 소설에 감동하는 아이가 점차 늘어나기 시작합니다. 섬세한 감정 표현과 청소년들의 갈등, 추리 사건이 접목되면 아이들의 흥미는 증폭됩니다. 아이들이 성인 도서에 관심을 보인다는 이야기는 아이들이 고전 인문의 참뜻을 받아들일 수 있는 시기가 되었음을 의미합니다. 부모는 아이들에게 항상 이야기합니다. "좋은 친구를 사귀어라." "공부 열심히 해야 한다." "학교 가면 선생님 말씀 잘 들어라." "수업 시간에 떠들면 안 된다." 누구나 한 번쯤 아이들에게 이야기할만한 내용입니다. 위의 내용은 우리나라의 역사가 시작된 이래 항상 지켜야 할 규범으로 내려오고 있습니다.

고전은 짧게는 50년, 길게는 몇백, 몇천 년 동안 내려오는 글입니다. 우리나라에는 하루에도 몇백 권의 책이 출판되고 있습니다. 그중 10년 이상 사람들에게 꾸준히 읽히는 책이 얼마나 될까요? 당연히 지켜야 할 규범들이 전해 내려오는 것과 마찬가지로, 고전은 시대가 변해도 사람들이 당연히 읽어야 하는 책입니다.

② 고전 함께 읽기

고전을 함께 읽기 위해 우선 고전 도서 중 1권을 선정해야 합니다. 아이들의 흥미와 교육적 효과를 고려한 5권의 도서를 추천합니다. 아이와 서점, 도서관에서 가서 다음 5권의 도서를 함께 살펴보세요.

도서명	저자	출판사
『어린왕자』	앙투안 드 생텍쥐페리	열린책들
『연어』	안도현	문학동네
『별』	알퐁스 도데	인디북
『소학』	주희, 유청지	홍익출판사
『오즈의 마법사』	L. 프랭크 바움	인디고(글담)

도서를 정한 후 함께 읽어보세요. 글쓰기도 중요하지만 아이들이 스마트폰이나 게임, 연예인 등에 흥미가 많은 시기입니다. 가족이 함께 스마트폰을 끄고 책을 읽는 시간을 갖는 것 자체가 의미 있습니다. 저는 어린 시절 가족이 함께 모이는 시간이 정해져 있었습니다. 함께 모여 책도 읽고, 맛있는 것도 먹고, 많은 대화도 나누었습니다. 성인이 된 현재에도 이 기억은 평생 추억거리로 남아있습니다. 저학년 때부터 가족 모임을 꾸준히 하지 못했더라도, 지금이라도 늦지 않았습니다. 맛있는 음식과 책, 디지털 기기와 잠깐의 작별을 통해 가족의 유대감을 길러보세요. 고전 함께 읽기는 한 달에 한 번 주말을 활용해보세요.

③ 책 읽으며 대화 나누기

고전 인문을 읽을 때는 '정독'을 해보세요. 총 독서 시간 1시간을 간식 10분, 독서 30분, 대화 10분, 필사 10분으로 나누어보세요. 독서하는 30분 동안 책은 많이 읽지 마세요. 딱 10페이지만 읽어보세요. 만약 10페이지를 먼저 다 읽었다면 처음부터 되돌아가 다시 읽어야 합니다. 더 읽지는 마세요. 고전 인문을 읽는 이유는 생각하는 힘을 기르고, 아름다운 문장을 보며 감수성을 기르고, 이를 자신의 삶에 투영하기 위함입니다. 『슬로 리딩』의 저자 하시모토 다케시는 하루에 1페이지씩 『은수저』라는 일본 문학 작품을 통해 수업을 진행하였고, 아이들의 삶에 긍정적인 영향을 미쳤습니다. 유튜브와 많은 정보를 통해 깊게 생각할 기회가 없는 우리 아이들에게 슬로 리딩은 한 줄기 빛이 되어줄 수 있습니다. 아이와 함께 독서를 마쳤다면 간단한 대화를 나누어보세요. 아래 다섯 가지 질문은 독서한 뒤 나누는 대표적인 질문입니다.

---

1 "인물은 누가 나왔니?"

2 "기억에 남는 말이나 행동 있니?"

3 "왜 그런 말(행동)을 했을까?"

4 "만약 너였다면 똑같은 행동을 했을까?"

5 "만약 엄마(아빠)가 그랬으면 어땠을까?"

---

④ 필사하기

아이와 대화를 나눈 후 읽은 10페이지 중 쓰고 싶은 내용을 골라 공책에 그대로 적어보세요. 이유도 함께 써보세요. 책을 읽는 것도 중요하지만, 글을 써보며 아이들은 자기 생각을 정리하게 됩니다. 책을 읽고 대화를 나누고 글로 써보는 활동은 아이의 뇌의 모든 부분을 자극하는 하나의 지침서 역할을 하게 됩니다.

....

이 활동은 아이들의 평소 관심사와 생각을 파악하는 데 도움이 됩니다. 고학년 아이들은 자기 마음을 겉으로 잘 표현하지 않지만, 글쓰기 활동에서는 은연중에 드러나는 경우가 많습니다. 만약 아이가 『어린왕자』를 읽으며 아래의 내용을 필사했다면, 아이의 무의식에는 어렸을 때 자기 생각이 어른들에게 수용되지 않은 경험이 남아있다는 것입니다.

필사하기	필사한 이유
나는 내 걸작을 어른들에게 보여주며 내 그림이 무섭지 않으냐고 물어보았다. 어른들은 대답했다. "아니 모자가 왜 무서워?"	어린 왕자의 생각이 귀엽고, 나도 비슷한 경험이 있었기 때문이다.
나는 이렇게 해서 내 나이 여섯 살 때 화가라는 멋있는 직업을 포기했다. 나는 내 그림 제1호와 제2호의 실패로 그만 기가 죽었던 것이다.	어린 왕자가 꿈을 포기해서 마음이 아프다.

⑤ 낱말 단어장 만들기

필사하며 모르는 단어는 낱말 단어장을 만들어보세요. 어휘력 늘리기는 단어를 따로 외우는 것보다 책을 통해 배우는 것이 가장 효과적입니다. 책을 읽으며 새롭게 알게 된 단어는 따로 정리하는 단어장을 만들어보세요. 틈틈이 단어장을 복습하며 어휘력도 기르면 일거양득입니다. 단어장을 만들 때는 꼭 단어가 포함된 문장을 함께 써주세요. 어휘는 뜻도 중요하지만 쓰임새가 더 중요합니다.

단어장 예시

단어	문장	뜻
야릇한	해가 뜰 무렵, 야릇한 목소리가 나를 불러 깨웠을 때 내가 얼마나 놀랐을 것인가.	무엇이라 표현할 수 없이 묘하고 이상하다.

육하원칙(5W1H)에 대해 아시나요? 논리적인 글을 쓸 때 누가(who), 언제(when), 어디서(where), 무엇을(what), 어떻게(how), 왜(why)가 필수적이라는 사실은 누구나 알고 있습니다. 육하원칙은 19세기 말엽 노벨상 수상 작가인 키플링의 시에서 유래되었습니다. 그는 "나에게는 여섯 명의 성실한 하인이 있다. 그들의 이름은 '무엇', '왜', '언제', '어떻게' 그리고 '어디서'와 '누구'이다(I keep six honest serving-men. Their names are what and why and when and how and where and who)."라고 하였답니다.

그렇다면 어떻게 자연스럽게 5W1H가 글에 녹아날 수 있을까요? 집을 지을 때 기초 골격을 만들고 콘크리트로 다지듯이, 논리적인 글쓰기의 기초는 5W1H입니다. 흔히 5W1H는 신문 기사와 같은 논리적인 글에만 나온다고 생각합니다. 하지만 우리가 평소 자주 읽는 에세이, 소설, 시, 일기에서도 똑같이 사용됩니다. 소설에서 흔히 볼 수 있는 문장입니다.

"주호는 12월 2일 집에서 차로 30분 떨어진 맛있는 떡볶이 집에서 생일을 맞이해 빨

같게 매운 떡볶이와 뜨거운 오뎅을 맛있게 먹었다."

이 문장을 보면 자연스럽게 육하원칙이 녹아있음을 알 수 있습니다.

글을 쓸 때 막연하게 느껴지는 경우가 많습니다. 평소 친구들이나 가족과 대화할 때 육하원칙에 따라 말하는 연습을 하고, 육하원칙대로 글쓰기 훈련을 하면 말하기 실력도 자연스럽게 길러집니다. 말을 잘하면 공감 능력도 길러지므로 일거양득입니다. 실제로 육하원칙 순서에 의해서 말을 하거나 글을 쓰면 논리적이고 이해도 잘된다고 하네요. 아이와 함께 육하원칙으로 말하기, 육하원칙으로 글쓰기 활동을 틈틈이 해보세요. 또한 아이가 쓴 내용을 살펴보고 육하원칙이 올바르게 쓰였는지 확인해보세요.

뇌는 오감을 통해 여러 가지 정보를 받아들입니다. 눈으로 보고, 귀로 듣고, 만지고, 냄새를 맡고, 맛을 보며 세상을 탐구합니다. 오감을 통해 입력된 정보를 뇌를 통해 판단하고, 각 신경 기관을 통해 행동하게 됩니다. 물건을 집거나 앞으로 가는 단순한 행동은 뇌의 일회성 명령으로 인해 가능합니다. 하지만 행동과 달리 말로 표현할 때는 뇌의 일회성 명령으로는 불가능합니다. 뇌와 중추신경계의 복합적인 상호작용을 거칩니다. 우리가 고등 사고력이라고 부르는 것이죠. 말하기와 맥락을 함께 하는 것이 글쓰기입니다. 글쓰기는 가장 높은 수준의 고등 사고력을 사용하며, 창의성, 유창성, 융통성 등 미래 사회가 요구하는 사고력이 필요한 활동입니다. 아이들이 어떤 글쓰기를 하면 이와 같은 사고력을 길러 소위 '공부 잘하는 아이'가 될 수 있을까요?

20여 년간 하버드에서 글쓰기 교육을 진행한 낸시 교수는 "강의를 듣고 시험을 잘 보면 대학을 졸업할 수 있다. 하지만 그들은 평생 '학생'이나 '주변자'의 위치를 벗어날 수 없다."라고 이야기합니다. 하버드에서는 신입생을 대상으로 매년 글쓰기 교육을 하고 있습니다. 아이들이 삶의 주인이 되어 삶을 살아가는 데 글쓰기는 필수이기 때문입니다. 두뇌를 계발시키는 효과적인 방법이기도 합니다. 글쓰기는 주제 선정, 중심 문장, 내용 흐름, 낱말과 문장, 문단 개요, 돌아가서 고쳐쓰기의 과정을 거칩니다. 뇌에서는 알고 있는 경험과 지식을 새롭게 재구성하는 지식 재구조화가 일어납니다. 지식을 선별하고 새로운 지식을 창조하며, 단어와 문장을 선택하고 새로운 전개 방식을 고민하는 등 뇌의 모든 영역을 계발시킵니다.

최근 교육의 큰 흐름은 토론, 논술을 강조하고 있습니다. 대학에 가기 위해서는 논술을 준비하고 토론이나 면접에서 유창하게 자기 생각을 표현할 수 있어야 합니다. 이는 대학에 가기 위해 준비하는 것뿐만 아니라 직업을 가지고 한 분야에서 자신의 능력을 뽐내기 위해서도 필수적입니다. 프레젠테이션, 프로젝트나 기획안 설명, 거래처와의 관계 등 무수히 많은 생활에서 글쓰기를 활용합니다.

글쓰기는 말 대신 글로 하는 의사소통입니다. 아이의 글에 대한 부모의 응답이 필요합니다. 쓴 글에 대한 질문이나 칭찬 혹은 댓글을 써주는 후속 활동을 해주세요. 댓글을 쓸 때는 글과 관련 있는 내용을 구체적으로 써주세요. 아이가 쓴 글을 부모님의 경험이나 생각과 관련지어보세요. 댓글 내용에 포함되면 좋습니다. 아이에게는 부모와 글로 소통하는 것이 하나의 재미로 느껴질 수 있습니다.

책을 읽고 아이 학습 방향을 설정하는 데 도움이 되셨나요?

공부에 정도(正道)가 있을까요? 이 책은 최대한 올바르게 공부하는 방향을 기술하였지만 아이의 성향에 따라 조금 다른 방향일 수도 있습니다. 제 책이 각자 상황이 다른 모든 부모에게 똑같이 적용될 수는 없습니다. 제 책 읽기를 마치셨다면, 최소한 아이 교육에 대해 이틀 정도는 생각해보는 시간을 가져보세요. 그리고 생활 습관, 독서, 글쓰기를 하나씩 천천히 해보세요. 자녀와의 대화를 통해 천천히 하나씩 접근해보며 학습에 도움이 되었으면 좋겠습니다. 이 책을 통해 한 명의 부모라도 아이 교육에 대해 다시 한번 생각해본다면 제 책의 목표는 달성하는 셈입니다.

블로그에 자녀 교육에 관한 글을 올릴 때마다 고민했습니다. 이 내용이 정말 부모들에게 도움이 될까? 쓸모없는 정보일까? 그럴 때마다 도움이 되었다는 댓글은 큰 힘이 되었습니다. 책을 쓸 때도 마찬가지였습니다. '이 내용이 꼭 필요할까?', '다른 방향으로 써볼까?', '독서에서 이 부분은 실천하기 힘들지 않을까?', '너무 지엽적인 내용인가?' 매일 생각하며 원고를 써 내려갔습니다. 선한 의도를 가진 영향력은 널리 퍼진다고 생각합니다. 교육에 대한 제 선한 의도가 널리 퍼져 자녀 교육에 대해 다시 한번 생각해보는 기회가 되기를 바랍니다.

학습에서 무엇보다 중요한 것은 부모와 함께하는 것입니다. 항상 옆에서 함께 공부해야 한다는 게 아니라, 언제든 옆에 있다는 느낌이 들게 해주어야 한다는 것입니다. 열린 대화와 개방적인 태도로 아이가 근심과 학습의 어려움을 털어놓을 수 있는 부모가 되어주세요. 부모와 자녀의 올바른 관계는 뇌에서 행복 호르몬인 세르토닌의 분비를 촉진한다고 합니다. 아이들도 지치고 힘들 때보다 기쁠 때 학습이 더 잘되지 않을까요? 나비의 작은 날갯짓이 태풍을 일으키듯이, 현재의 작은 공부 습관이 중학교, 고등학교에 가서 얼마나 큰 결과로 돌아올지 기대됩니다. 저의 꿈이 더 이상 꿈이 아니라 현실이 되길 기대하며 끝인사를 올립니다.

참고문헌

☑ 김기용, 『초등 저학년 독서습관 만드는 결정적 시기』, 미디어숲, 2019.

☑ 권귀헌, 『초등 글쓰기 비밀수업』, 서사원, 2019.

☑ 김명미, 『초등 읽기능력이 평생성적을 좌우한다』, 글담, 2008.

☑ 김성효, 『초등공부, 독서로 시작해 글쓰기로 끝내라』, 해냄, 2019.

☑ 김수정, 『초등 6년 공부습관, 중고 6년 좌우한다』, 문예춘추사, 2013.

☑ 곽윤정, 『우리 아이 공부머리』, 지식플러스, 2017.

☑ 박용재, 『아이의 미래 초등교육이 전부다』, 베가북스, 2014.

☑ 송재환, 『초등 1학년, 수학과 친해지면 모든 공부가 쉬워진다』, 예담friend, 2014.

☑ 송재환, 『초등 2학년, 평생 공부 습관을 완성하라』, 예담friend, 2016.

☑ 이가령, 『이가령 선생님의 싱싱글쓰기』, 지식프레임, 2014.

☑ 이서윤, 『초등학습처방전』, 21세기북스, 2016.

☑ 이은경, 『초등 매일 공부의 힘』, 가나출판사, 2019.

☑ 이임숙, 『참 쉬운 마음 글쓰기』, 부키, 2011.

☑ 장서연, 『초등 적기 글쓰기』, 글담출판, 2016.

☑ 최정금, 정혜전, 정희연, 『자기주도학습 초등 4~6학년』, 경향에듀, 2012.